Viol des femmes dans les conflits armés
et thérapies familiales.
Cas du Congo Brazzaville

Sidonie MATOKOT MIANZENZA

**Viol des femmes dans les conflits armés
et thérapies familiales.
Cas du Congo Brazzaville**

à

Jeffrey,
Graziella,
Mélissa,
Aimé.

à

la Famille Matokot.

à

Victor Doulou, Directeur de la Recherche Scientifique et Technologique du Congo pour m'avoir appris la rigueur dans la recherche et à mes collègues du Centre DGRST/ORSTOM de Brazzaville (Congo).

à

Patrick Fermi, Responsable de l'Unité de Consultation Interculturelle du Centre Hospitalier Spécialisé de Cadillac (France) /Association Geza Roheim et à mes collègues de la Consultation de Lormont.

Remerciements

Nos remerciements vont d'abord à Pierre Mainhagu, psychiatre et Mahalia Lassibille ethnologue, enseignants à l'Université *Victor Segalen*-Bordeaux 2 et à Patrick Nicoleau, Maître de conférences en droit privé à l'Université *Montesquieu*-Bordeaux IV. Leurs critiques ont permis d'améliorer la qualité de cette publication qui est, à l'origine, une étude soutenue devant l'Unité fondamentale de recherche (UFR) des Sciences sociales et psychologiques de l'Université *Victor Segalen*-Bordeaux 2.

Nos remerciements s'adressent également aux personnes et organisations qui nous ont donné l'autorisation d'utiliser des documents tirés de leurs publications, notamment les Professeurs John M. Janzen, Directeur de l'*African Studies Resource Center* de l'Université du Kansas à Lawrence (USA) et Herman Hochegger Directeur du Kulturinstitut - Centre d'études ethnologiques de Bandundu (RD Congo) et Saint Gabriel de Mödling (Autriche), la Coalition sur les droits des femmes en situation de conflits - Centre Droits et Démocratie de Montréal (Québec) et Human Rights Internet (HRI) - Commission des Droits humains des Nations Unies.

La présente publication a abouti grâce aux encouragements et au soutien de nombreuses personnes et associations qui militent pour la dignité de la personne humaine, la fraternité entre les Hommes et un Monde plus solidaire. Nous pensons notamment à Anne-Marie Fayol, Josiane Guillouard et Christian Jarry du Secours catholique/Caritas France (Délégation de la Gironde), à Monique et Gérard Frémiot du Secours adventiste et au Père Francis Corenwinder.

Nous n'oublions pas Jacob Madiéta et Caroline Milongo Biyéla. Leur connaissance des traditions kôngo a été pour nous une source d'informations appréciable.

Nos remerciements s'adressent enfin à Daniel Matokot et Aimé Mianzenza (Collège Universitaire du Bassin du Congo) pour leurs observations et relectures attentives.

PREFACE

Commençons par une évidence. Le viol d'une femme est toujours celui d'un corps féminin ; c'est celui d'une mère au moins potentiellement, celui d'une porteuse d'enfant. Cela un mâle ne l'est jamais. Par ce biais, on conçoit que le viol soit une atteinte par procuration à la famille au singulier, c'est-à-dire en tant qu'institution avec des règles communes la chargeant de la reproduction des êtres humains et de leurs rôles pour la survie d'une société et de ses solidarités. Essayons de développer plus précisément cette évidence.

Une série de constats est en effet à faire. Le premier est que le corps féminin reste le seul à pouvoir porter un enfant. Il est donc le symbole d'un renouveau. Il le reste même stérile. La stérilité biologique peut pousser à la compensation par un rôle maternel, rôle sublimé, c'est-à-dire porté au delà des limites biologiques.

Le deuxième constat est apparemment éloigné du premier. La violence nourrit, on le sait, l'imagination. L'origine de l'institution familiale serait l'échange des femmes et, avec le rapt, nous disent les anthropologues, nous aurions un modèle, modèle certes violent mais que l'imagination a transformé en certains rites d'enlèvement tout en en rappelant la violence fondamentale : celle de la perte certes d'un ventre et de bras par une des lignées, mais aussi de liens affectifs. Le viol est en quelque sorte un rapt raté.

Le troisième constat est encore plus spécifique. La violence est aussi une destruction, destruction par la réalité des actes : ici ceux de la pénétration sexuelle et bien sûr contre la volonté de femmes. Ce n'est certes pas que dans les conflits armés que cette réalité violente est observée mais elle peut y être d'une manière particulièrement marquée. Qu'est-ce qui différencie alors les viols au cours des conflits armés ? L'auteur va proposer quelques pistes.

Ces conflits sont par définition meurtriers. Accompagnées de viols, les guerres allient mort et vie, destruction des ennemis et fécondation de leurs femmes. Or, ne peut-on pas constater quelque chose de semblable dans les lignées familiales ? La solidarité familiale elle aussi mêle vie et mort, fécondité, risque vital durant la grossesse et l'accouchement, respect des vieillards, rites de naissance, rites de deuil, et aussi violences interfamiliales, violences si redoutables. Tout cela fait partie de notre imaginaire fondamental comme les guerres. Il suffit de réfléchir un instant à ce parallèle certes imparfait pour qu'il saute aux yeux.

Ce parallèle n'est pas bien entendu une excuse pour la violence. Le viol fait d'ailleurs partie d'un ensemble d'actes horribles : homicide, vol et inceste. Or c'est cette *horreur* inspirée par tous ces types de gestes qui les fixe fortement dans l'imaginaire. Il suffit de voir ce qui hypnotise nos enfants devant la télévision et les jeux vidéos. C'est elle aussi qui ferme une boucle de répétition, : *geste-horreur-imaginaire-geste-horreur, etc..*

Quand ces viols deviennent *systématiques* sur commande, cela ne peut que rendre ce phénomène plus aisé à saisir et ce saisissement concerne aussi bien ce qui se passe chez les autres que ce qui pourrait se passer en chacun de nous. Cette présence en chacun de nous se manifeste bien entendu de façon fantasmée. C'est une sorte de réalité qui reste virtuelle, mais virtuelle jusqu'à quel point ? Pourquoi d'ailleurs fait-elle réagir certains plus que d'autres ? Quel ressort tend-elle en chacun de nous ? Quand le *pointeur*, langage des prisons, a-t-il craqué ?

Faisons un parallèle avec les *virus* informatiques. Ils sont dits « dormants » comme les réseaux terroristes dans nos machines électroniques. Ils se réveillent quand les circonstances s'y prêtent et ils détruisent la mémoire. Un *virus* envoyé par un courrier électronique du *cœur*, si l'on peut dire, ne s'appelle-t-il pas « *I love you* » ? Tel serait le processus menant inexorablement de la violence contenue en chacun de nous au viol systématique.

L'urgence est en conséquence de trouver un lecteur idéal capable d'éliminer de tels virus avant qu'ils ne se réveillent. Ici le virus n'est-il pas constitué par certaines assimilations ? Celle que je perçois concerne l'assimilation qu'il m'est arrivée de faire comme beaucoup d'européens entre les diverses cultures africaines. Le prétexte non-dit est la perception qu'elles sont moins *élevées* que la mienne. Qui est responsable de cette introduction ? Seulement nous les soi-disant anciens colonisateurs ? Les africains n'utilisent-ils pas eux-mêmes ces ressorts d'assimilation de leurs cultures entre elles face à la culture occidentale ? Ils nous leurrent eux aussi sans le savoir mais eux en connaissent leurs différences, leurs richesses qui d'ailleurs ne nous échappent pas non plus entièrement, loin s'en faut comme dans l'art, la musique.

Ce lecteur idéal qui se sera débarrassé de ce virus d'assimilation prêtant à toutes les confusion pourra voir alors ce que Sidonie Matokot Mianzenza va permettre de voir : un renouveau. Ce renouveau est celui dans lequel les solidarités familiales semblent jouer encore un grand rôle malgré leurs limites. Elle en témoigne et elle le fait grâce à une double originalité : d'abord en tant qu'*africaine* et ensuite en tant que *femme*. Les deux sont bien sûr liées.

En tant qu'*africaine* d'abord. Rares, nous semble-t-il sont encore les africains ayant aux yeux des occidentaux un statut d'égal. Par son style, cette étude prouvera qu'il ne fait guère de doute que l'auteur est notre égal. Est-ce donc si rare ?

En tant que *femme* ensuite. Les mâles tiennent toujours la plupart des places prestigieuses en Afrique, en Europe comme ailleurs. Même si les femmes échappent aux cycles infernaux des risques maternels les ayant tenues dans des places sans possibilité de prendre de la distance et les maintenant inférieures dans les domaines du pouvoir politique, économique et culturel, elles n'ont pas pour autant tout perdu d'une sagesse qui alors existait déjà dans les rapports de force. Cette sagesse est acquise depuis la nuit des temps, les faisant se replier sur l'univers domestique. Cette sagesse n'a pas cependant besoin d'être transmise pour permettre une adaptation au monde moderne. Par exemple le pouvoir économique des femmes acquis avec les tontines financières est pragmatique et largement spontané, s'ajoutant à leur place dans les fonctions proprement familiales. Quelle peut en être la raison ? Comment rendre compte de ce mariage entre traditions et adaptation ici dramatique à la vie actuelle ?

Il n'est pas question de confiner les femmes riches de traditions différentes à nouveau dans des rôles purement domestiques et prédéfinis. Mais des constats s'imposent pour comprendre que c'est pourtant là que réside quelque chose d'original. Essayons de les résumer et de les prendre sans trop vite réagir à leur égard.

Certes ces rôles domestiques sont encore en grande partie tenus par les femmes (cuisine, linge, ménage, enfants). Il s'agit de se poser une question. Qu'en est-il par contre dans le mode de vie occidentalisé de leur émancipation par rapport au pouvoir masculin ? Leurs conquêtes ne sont-elles pas au prix d'avoir livré santé, organes et esprit au corps médical pour la bonne cause certes, celle de l'enfantement ? Quel homme peut dire avoir cette sorte de soumission sanitaire au prix d'une dépendance collective ?

D'où sans doute la prudence que les femmes nous permettent de comprendre quand, ayant à mener une double vie, professionnelle et familiale, elles se sentent « surbookées » et le veulent. Elles ne lâchent pas le pouvoir domestique que certains hommes ne récupèrent que pour faire semblant pendant un certain temps. Elles ne cèdent pas à ce genre de délégation si facile au masculin pour se consacrer à des tâches plus nobles.

A partir de là, en quoi une femme congolaise présenterait une originalité dans la répartition des rôles entre sexe, la guerre et le viol étant une affaire d'hommes ? En quoi sa soumission apparente et même si elle est forcée et involontaire par conséquent jusqu'au bout des actes de pénétration sexuelle, en quoi diffère-t-elle des prétentions de femmes qui se disent libérées mais entraînées dans des rôles récupérés à la barbe des hommes, mais pas sans violences ? En quoi leur pragmatisme vaut-il celui des occidentalisées ? La réponse à toutes ces questions est complexe après ces constats nécessaires quoique objets de bien des polémiques. Que l'on me permette ici quelques détails avant de répondre par l'interdisciplinarité nécessaire.

Ce qui paraît intéressant et paradoxal, heureusement pour Sidonie Matokot Mianzenza, c'est qu'elle ait échappé à l'horreur des viols systématiques. Elle a eu la chance de sortir à temps du Congo et de s'exiler en France, en en payant il est vrai le prix par des privations. En échappant à ce qu'elle nous présente pourtant de manière assez terrible, son regard reste distant, comme celui d'étrangers ; mais il reste distant différemment du nôtre européens. Elle souffre quand même du drame de son pays, c'est-à-dire de l'exil. Donc d'abord ce regard est distant quoique proche.

Que peut-on voir alors à partir de cette douleur contenue ? Des femmes insérées dans un contexte. La richesse n'est plus niable quoique d'une autre nature qu'économique, que pétrolière si importante pour les congolais comme pour nous. On voit des femmes qui sont des femmes, c'est-à-dire des procréatrices avérées par leurs grossesses et leurs accouchements. Leurs soucis restent fondamentalement les mêmes malgré les circonstances dramatiques. Peut-on résumer ? Essayons-le. Je dis que ce sont des terres fécondes et labourables. Qu'est-ce à dire ? N'est-ce pas là une banalité ? Voire une injure pour des femmes violées ?

Qu'on comprenne bien mon image avant de hurler au scandale ! Oui, ce sont des matrices et elles sont bien reconnues comme telles, c'est-à-dire labourées par des *socs péniens*; dis-je. Il faut le dire avec crudité, car ces *mâles charrues* que font-elles ? Elles font ce que font tous les organes reproducteurs. Elles font repousser aussi bien les bons grains que les mauvaises herbes. On serait prêt à l'oublier. Pas seulement des sentiments négatifs de rétorsion et de justice envers les auteurs de viol et leurs ethnies. Mais quoi de plus ? Et bien, posons-nous d'abord cette question ? Qu'est ce que c'est que cette **culpabilité** que les victimes d'un viol *trimbalent encore avec elles* (qu'on me pardonne ma violence verbale) ? Ne pourrait-on enfin pouvoir les libérer de cet anachronisme ? Ce n'est pas elles, victimes systématiques, de se sentir coupables ! Oui, mais en se libérant de la culpabilité, n'y perd-on pas quelque chose de plus grave dans ce cas ? Après tout, ne constate-t-on pas que la plupart des femmes se voulant libérées de tâches domestiques sans prestige quoique nécessaires gardent un fond de culpabilité ? Donc la culpabilité !

Ce n'est pas tout. Une autre question peut-être encore plus précise. Pourquoi la culpabilité est-elle si **inégalement** répartie entre les victimes ? La violence n'a-t-elle pas la même intensité, la même durée que ce soit physiquement ou symboliquement (si tant il est vrai est que l'on puisse parler de mesurer de telles choses autrement que subjectivement) ?

Un constat est toujours à faire mais il n'est pas toujours fait dans sa totalité. Il s'agit d'impressions subjectives de la part d'un trio : la victime, l'agresseur et l'observateur. Chacun éprouve des sentiments : ceux de honte, ceux de justification, ceux de compassion. Ce sont tous des récits. Les récits sont des constructions personnelles dont les témoignages ne se recoupent que difficilement pour arriver à la vérité. Seules les circonstances apparaissent objectives et on peut en mesurer les différences. Mais elles ne permettent pas de distinguer des différences quant aux conséquences psychiques : un petit traumatisme apparaîtra avoir complètement parasité la vie d'un tel, un énorme ne pas avoir d'effet vraiment conséquent à court comme à long terme selon les individus. On reste dans l'énigme.

Autre chose. Il est difficile d'obtenir une bonne qualité au recueil de données de la part des victimes sexuelles. Il faudrait pourtant savoir comment cela s'est passé exactement. Il faudrait le faire comme savent l'établir les enquêtes policières. Une enquête poussée aussi loin que possible n'est-elle pas déjà thérapeutique ? Ne croyons-nous pas que la vérité est salvatrice et l'oubli source de complications à long terme ? Seulement, voilà : la femme violée va ressentir cette enquête comme une suspicion et l'enquêteur va se sentir pressé par le contexte de son enquête et a peu de chances de satisfaire les passions des deux camps. Quant à l'agresseur, s'il se souvient de quelque chose parce qu'il est souvent ivre au moment des viols, il ne pourra que se disculper.

Finalement, ce sont les personnalités, celle de l'agresseur mais aussi celle de l'agressée qui peuvent être mises en avant pour expliquer ces différences. Mais cela a-t-il une réelle importance pour expliquer la culpabilité paradoxale des victimes ? Quel en est le ressort ? Il est, me semble-t-il, trop simple pour être savamment exposé. Essayons quand même.

Tous les violeurs comme d'ailleurs tous les incesteurs sont comme tous les voleurs et tous les criminels patentés : ils vous disent qu'il y a eu un moment où leurs victimes leur sont apparues comme consentantes, leur agression justifiée. L'inceste du fait de la proximité, le voleur parce que ce n'était pas fermé et l'homicide parce qu'il a cru devoir se défendre. Mais qu'en est-il dans les viols ? Au demeurant, qui se soucie des récits et de la personne des violeurs en dehors de procédures judiciaires ? N'ont-ils pas eux aussi pourtant des choses à nous enseigner, des choses probablement essentielles ? Leurs récits se répètent et ne manquent pas d'intérêt dans une visée thérapeutique. Que désignent ces récits très stéréotypés ?

Consentante : cela donne un haut-le-cœur de qualifier ainsi la victime. Système bien connu de la projection inconsciente de ses désirs sur quelqu'un d'autre. C'est chez l'autre que l'agresseur reconnaît ce qu'il ne peut se reconnaître et qui saute aux yeux de l'observateur chez lui. Cependant, contrairement au meurtre et au vol, la pénétration sexuelle est un complexe corps à corps. Malgré une définition plus extensive de l'agression sexuelle comprenant celles sans contact physique, on peut dire que le viol est nécessairement d'abord ce corps à corps. Et le corps de la victime est ici celui d'une femme. Le sexe féminin est fait pour recevoir la pénétration du pénis et la semence ; c'est celle de la vie, tout le monde en convient.

C'est certes là un fantasme très commun. Mais malheur alors si, dans la réalité d'un viol, le corps féminin se lubrifie : c'est comme s'il se détachait de l'esprit, si les premiers assauts de pénétration forcée rendaient l'accueil du violeur quasi sans résistance par les sécrétions comme un objet posé dans la bouche déclenche un jet de salive. Quelle culpabilité naît alors ! Et c'est bien à partir de là, quand on a la possibilité d'entrer dans les détails, que les récits semblent se tisser de part et d'autre.

Prenons un détail, mais un détail essentiel : celui de la semence masculine. Elle est aujourd'hui largement sacralisée par la médicalisation de la contraception et les légalisations des avortements : une chasse gardée à n'utiliser qu'avec d'infinies précautions pour trouver les circonstances idéales allant jusqu'à l'enfantement. C'est bien sûr aussi la semence déversée par le violeur dans le corps de sa victime. Si les circonstances ne sont pas idéales, elles ont une sacrée importance ! Pourquoi sacrée aussi ?

L'étymologie du terme savant *sperme*, ce n'est pas un hasard, est le même que celui d'*esprit*. Bien sûr la différence saute aux yeux. Le souffle séminal est ressenti dans ce cas comme plutôt glacial et impur. Mais il peut être aussi durable avec la fécondité et l'enfant. Ce n'est pas sans conséquence. Cette écume rejaillit sur tout, même sur les meilleurs liens comme la parenté et l'amitié qui peuvent ne pas y résister. Et c'est là qu'est la réponse à la question que ce texte nous apprend d'original.

Nous voilà au bout de tous ces détails. Cela fait beaucoup de choses, on vient de le voir, pour un acte qui par ailleurs peut être considéré comme anodin dans d'autres circonstances banales de la sexualité humaine. Il faudrait donc connaître tout cela pour arriver à aider à guérir ces personnes et leurs proches des effets du traumatisme personnel et collectif. N'oublions pas que le violeur peut devenir meurtrier de sa victime quand il sait qu'il doit effacer les effets de ses actes pour ne pas être reconnu et puni. En contrepartie, cette dernière peut souhaiter ce meurtre plutôt que d'assumer une intolérable culpabilité qui la saisit immédiatement.

Pour finir, je reviens sur le fait que Sidonie Matokot Mianzenza est une représentante favorisée de son peuple et qu'elle vit en exilée en France. Est-ce bien de la magnanimité de notre part ? Cela nous grandit-il ? Il est délicat pour un français vivant par sa naissance au pays des *libertés et des droits de l'homme* et qui a mis du pétrole congolais dans son véhicule, symbole d'individualisme, de ne pas entendre un tel discours sur le viol systématique. Mais saura-t-il l'écouter ? Comme j'ai aussi déjà tenté de le désamorcer ci-dessus, il n'est pas question de tomber dans le piège de la persécution à propos d'un *dû*, d'une réparation. Alors que faire ?

Apprenons, je crois, ce que c'est que de lire un livre comme un acte de courage. Ici cet acte de courage est celui par lequel une femme, j'en témoigne, a mis tout son savoir et toutes ses émotions au service de celles qui ont été violées, de leur entourage mais aussi de nous tous. Comment dire encore la chose ? Essayons ainsi.

En lui suggérant d'envisager ce type de viol sous l'angle de la famille, elle a pu accomplir douloureusement le meilleur de l'interdisciplinarité. C'est cette interdisciplinarité qui est nécessaire pour comprendre ce que sont les solidarités familiales car sans la démographie, le droit, l'histoire, la médecine, la sociologie, la psychiatrie, la psychologie, les sciences politiques s'intéressant aux institutions familiales et bien entendu *et ici surtout ici l'ethnologie* que savons-nous des familles ?

Les solidarités familiales constatées au Congo sont celles qui étaient les nôtre encore en Europe il n'y a guère plus de deux générations, rappelons-nous, avant les régimes nationaux. Or, rien n'est plus fuyant que les solidarités domestiques et lignagères : bonnes et dures supporter. C'est à les ressaisir que nous avons pu contribuer tant Mahalia Lassibille comme ethnologue pour les traits caractéristiques des fonctionnements familiaux que moi-même en tant que psychiatre pour les effets des traumatismes. Nous avons apprécié un travail universitaire qui a été à l'origine de ce livre parce qu'il permettait d'en rendre compte du fait de circonstances exceptionnelles, celles de conflits armés.

Pierre Mainhagu
Etudes Interdisciplinaires de la famille
Université Victor Segalen Bordeaux 2

SOMMAIRE

	Page
REMERCIEMENTS	5
PREFACE	7
SOMMAIRE	17
INTRODUCTION	19
A. Viol des femmes dans les conflits armés contemporains : bref rappel historique.	20
B. Collecte des données	24
C. Plan de l'ouvrage	28

Première Partie
LA VIOLENCE SEXUELLE ... 29

Chapitre I	QUELQUES CONCEPTS FONDAMENTAUX	31
	A. La violence sexuelle	32
	B. Le viol	33
	C. Traumatisme et syndrome de stress post-traumatique	35
Chapitre II	LE CONTEXTE	41
	A. Contexte économique	41
	B. Contexte politique	46
	C. La condition de la femme au tournant des années 1980	51
	D. Le bilan	58

Deuxième Partie
ETUDE CLINIQUE ET THERAPEUTIQUE ... 63

Chapitre III	PRESENTATION DES CAS	65
	A. La population ciblée par les assaillants	65
	B. Quelques cas cliniques	67
	C. Interprétation et symptomatologie	72
Chapitre IV	LES CONSEQUENCES DES VIOLENCES SEXUELLES	75
	A. Les conséquences chez l'adulte	75
	B. Les conséquences chez l'enfant	80
Chapitre V	LES THERAPIES	83
	A. Les thérapies occidentales modernes	84
	B. La thérapie traditionnelle	88
	C. La religion et les sectes dans la thérapie	110
	D. Le travail thérapeutique de la famille auprès de l'enfant victime de violences sexuelles	118
	E. Thérapie occidentale moderne versus thérapie traditionnelle : rivalité ou complémentarité	119

Chapitre VI	CONSIDERATIONS JURIDIQUES SUR LES VIOLENCES SEXUELLES PENDANT LES CONFLITS ARMES AU CONGO.	123
	A. Le caractère massif et systématique des viols pendant les guerres civiles au Congo.	123
	B. La qualification juridique des faits.	124
CONCLUSION.		139
ANNEXES.		143
Listes des annexes.		143
Annexe 1	Le Congo et le Système des Droits Humains à l'ONU (HRI).	145
Annexe 2	Rwanda. Condamnation d'Akayesu une victoire pour les droits des femmes.	147
Annexe 3	Le traitement des crimes contre les femmes par le Tribunal pénal international pour le Rwanda.	151
Annexe 4	Lexique Kôngo – Français.	159
REFERENCES BIBLIOGRAPHIQUES.		161

INTRODUCTION

L'objectif de cette étude est d'approfondir la connaissance du phénomène de la violence sexuelle au Congo pendant les guerres civiles des années 1990, d'en cerner les conséquences et d'évaluer ce que peuvent apporter des thérapies familiales pour de telles situations de crise.

L'étude se propose de discuter trois hypothèses qui peuvent être tirées de ce type de violence sexuelle qu'est le viol :
1. A travers le viol, la femme est atteinte à un triple point de vue : en tant que femme, en tant que garante de la cellule familiale et en tant qu'appartenant à une ethnie.
2. Les guerres civiles ont conduit à une résurgence des solidarités familiales traditionnelles et aussi extra-familiales permettant de faire face aux difficultés extrêmes et pour certaines inattendues, comme le viol systématique des femmes jamais pratiqué jusque là au Congo. La violence faite à la femme n'a-t-elle pas renforcé paradoxalement les liens au sein de la famille (et des réseaux de solidarité) qu'elle était supposée détruire ?
3. La famille peut jouer un rôle fondamental dans la thérapie, quel est ce rôle ?

Quelques aperçus sur les violences sexuelles et les guerres civiles dans différents pays vont argumenter ces hypothèses.

Les hommes et les femmes subissent de graves violations de leurs droits fondamentaux en temps de conflit. Mais les femmes sont les principales victimes civiles de la guerre. Etre une femme est un facteur supplémentaire de risque. En effet, elle est la cible de violences spécifiques fondées sur le sexe, sur sa capacité reproductive ainsi que sur son rôle d'élément de cohésion au sein de la famille. La violence fondée sur le sexe est certainement la forme la plus répandue d'abus subis par les femmes.

A. Viol des femmes dans les conflits armés contemporains : bref aperçu historique

Les femmes ont été depuis toujours victimes de violences sexuelles lors des conflits armés. Le viol a toujours été lié à la guerre comme un de ses corollaires, un sous-produit et tous les belligérants l'ont pratiqué.

Au début du XXème siècle, lors du génocide arménien « les femmes et les filles, quand elles ne sont pas mortes d'inanition ou de sévices au bord de la route, pendant la déportation ou la fuite, ont été violées ou enlevées. »[1] Durant la Deuxième guerre mondiale, le viol et l'esclavage sexuel étaient très utilisés en Europe et en Asie. En Europe, « les soldats allemands ont violé un grand nombre de femmes, tandis qu'au Japon l'armée impériale a réduit en esclaves sexuelles près de 200 000 femmes âgées de 13 à 18 ans. »[2] Lors de la prise de Berlin par les Soviétiques en 1945, plus de 100 000 femmes auraient été violées. : ce qui a fait dire au Général Patton « *qu'il y aurait toujours des viols pendant les guerres.* » La Conférence internationale sur la violence contre les femmes en situation de guerre et de conflits armés, qui s'est tenue à Tokyo en 1997[3], « a reconnu les faits de prostitution forcée des femmes algériennes par l'armée française pendant la guerre d'Algérie, ainsi que l'existence de bordels militaires et de nombreux meurtres de femmes vietnamiennes commis par les forces américaines durant la guerre du Vietnam. »[4]

---

[1] « Le génocide des Arméniens fut un ' nettoyage ethnique ' mené au nom du nationalisme territorial », in Le Monde, Un entretien avec Anahide Ter-Minassian et Claude Mutafian par Jean Pierre Langellier et Jean-Pierre Péroncel Hugoz, 26 avril 1994.
[2] OCMT, Violence contre les femmes un rapport, juin 1999. Cf. également Tribunal international des femmes pour la répression des crimes de guerre sur l'esclavage sexuel militaire du Japon, Tokyo, 8-12 décembre 2000 ; A. Brunet, Les « femmes de réconfort » exigent justice pour toutes femmes, Montréal, Droits et Démocratie, Centre international des droits de la personne et du développement démocratique, janvier 2001 , E. Leblanc, Viol et esclavage sexuel, Montréal, Radio-Canada, Dimanche Magazine, 4 mars 2001 ; R. Werly, « Le Japon face à la mémoire des ' femmes de réconfort ' Témoignage d'un médecin des ' bordels' de guerre », in Libération, n° 6086, 9-10 décembre 2000, p. 14.
[3] Common Grounds, *Violence Against Woman in War and Armed Conflict Situations*, Asian Centre for Woman's Human Rights,
[4] La Nouvelle Lettre de la FIDH, N°37 du 25 avril 2000, p. 16.

Les années 1990 ont vu se multiplier les conflits où s'opposent des groupes humains formés sur des critères sociaux, ethniques, linguistiques, religieux ou idéologiques. Ces conflits impliquent le plus souvent des milices partisanes qui s'affrontent dans un environnement de chaos social total. Ces groupes armés ne respectent pas les conventions internationales sur la guerre. Ils cherchent intentionnellement à les transgresser afin d'instituer un régime de terreur.

L'utilisation de la violence sexuelle ne sert pas seulement à terroriser et à assouvir des instincts sadiques sans risque de sanction judiciaire mais aussi à atteindre l'autre.

Au cours de l'invasion du Koweït par l'Irak en 1990, plus de 5 000 Koweïtiennes auraient été violées[5]. Dans le conflit de l'ex-Yougoslavie, entre 20 000 et 50 000 femmes musulmanes ont été violées en Bosnie. Les femmes étaient détenues dans des « camps de viol » où elles ont été forcées d'avoir des enfants avec des soldats serbes[6]. Selon Amnesty International, les forces armées musulmanes et croates ont, elles aussi, violé et infligé des sévices sexuels aux femmes. En Croatie, ce fut une politique délibérée de violer des adolescentes et de les forcer à porter l'enfant de « l'ennemi ». Beaucoup de femmes ont abandonné leurs enfants à la maternité juste après l'accouchement. En Bosnie et au Kosovo, des viols infligés en majorité aux femmes musulmanes par les forces serbes ont eu lieu dans de nombreux endroits. Ces actes ont été commis d'une façon organisée et systématique. Les femmes étaient délibérément détenues dans des camps spécialement pour y être violées par les soldats.

Le rapporteur spécial des Nations Unies sur le conflit en ex-Yougoslavie a estimé que « [...] le viol était un moyen de purification ethnique [...]. Des informations dignes de foi font état de viols en public, par exemple devant un village tout entier, pour terroriser la population et forcer les groupes ethniques à fuir. »[7]

---

[5] Coomasramy (R.), *Rapport spécial sur la violence contre les femmes*, New York City, Nations Unies, E/CN.4/1992/26/UN, 1992.
[6] Gordon (P.) et Crehan (K.), Mourir de tristesse : sexospécificité, violence sexuelle et épidémies du VIH, New York, ONUSIDA, 1998.
[7] Commission des droits de l'homme, Rapport de la Rapporteuse spéciale chargée de la question de la violence contre les femmes, y compris ses causes et ses conséquences, 1997, New York, Nations Unies, E/CN.4/1997/47 et Add. 1 à 4.

Au Mozambique, dans les camps de la RENAMO, des jeunes adolescents, eux-mêmes traumatisés par des violences, ont agressé sexuellement des jeunes filles, les menaçant de les tuer ou de les faire mourir de faim si elles résistaient.[8]

Lors du génocide rwandais, le viol a été utilisé comme arme pour détruire les liens familiaux. On estime que toutes les femmes ayant survécu au génocide ont été violées[9]. Le viol a été systématiquement utilisé comme arme d'épuration ethnique pour détruire les liens communautaires[10]. Celles qui se sont retrouvées enceintes ont été mises au ban de leur famille et de leur communauté. Certaines ont abandonné leur enfant, d'autres se sont suicidées. Le nombre de « grossesse de la guerre » ou « enfant de la haine » est estimé entre 2 000 et 5 000 par les autorités rwandaises (Office National de la Population). « Pendant le génocide, beaucoup de femmes réclamaient d'être tuées. On le leur refusait et on leur disait : tu mourras de tristesse. »[11]

Selon le Tribunal pénal international, dans une ville du Rwanda, « des centaines de femmes tutsies se sont rendues à la mairie pour se plaindre au maire des atrocités dont les hommes et elles-mêmes étaient victimes. C'est à cet endroit que se réglaient d'ordinaire les problèmes ethniques. Elles ont demandé asile, le maire a refusé et les a dirigées vers un bâtiment situé de l'autre côté de la rue. La nuit suivante, les paramilitaires sont arrivés et ont commencé à violer les femmes. Le maire était présent. Il disait aux miliciens : ' Vous n'avez jamais goûté aux femmes tutsies ? Allez-y, profitez-en, demain elles seront mortes ! ' ' Tuez-nous tout de suite ' disaient les femmes, et le maire répondait : ' Oui, oui, je le ferai demain '. Le lendemain, les femmes ont été conduites jusqu'à la fosse commune, le maire est arrivé et leur a dit : ' Je regrette, je n'ai pas suffisamment de munitions, je vous tuerai demain. ' Elles

---

[8] Haut Commissariat des Nations Unies aux Droits de l'Homme, Rapport E/CN.4/1998/54, New York, 1998.
[9] Gordon (P.) et Crehan (K.), Mourir de tristesse. Sexospécificité, violence sexuelle et épidémie du VIH, New York, ONUSIDA, 1977. Voir également K. Guenivet, *Violences sexuelles. La nouvelle arme de guerre*, Paris, Editions Michalon, 2001.
[10] Human Right Watch/FIDH, *Vies brisées. Les violences sexuelles lors du génocide rwandais et ses conséquences*, Rapport conjoint, 1995.
[11] Gordon (P.) et Crehan (K.), op. cit.

ont été de nouveau violées le soir même et le jour suivant, avant d'être brutalement exécutées. »[12]

En Algérie, les femmes sont devenues un objectif de la violence terroriste. En mars 1994, le Groupe islamique armé (GIA) a publié une déclaration désignant toutes les femmes non voilées qui apparaissaient en public comme des cibles militaires potentielles[13]. Celles-ci ont ainsi été progressivement happées par la spirale de la violence. Le ministère de la santé dénombrait 2 084 femmes violées par les groupes armés islamistes au 31 décembre 1998. Elles ont subi des atrocités sous prétexte de leur profession (enseignante, coiffeuse, etc.), de leur parenté avec des membres des forces de sécurité, de leur habillement ou de leur comportement (non-port du hidjab, fréquentation de l'école, etc.). Les victimes, dont l'âge varie de 9 à 70 ans, ont été enlevées et séquestrées. Certaines ont subi le « mariage de jouissance « d'autres le viol collectif à répétition avant d'être éliminées[14]. Selon la Fédération internationale des Ligues des Droits de l'Homme (FIDH), des centaines de femmes ont été enlevées et violées par les forces de sécurité simplement parce qu'elles étaient soupçonnées d'appartenir à la mouvance islamique[15].

Au Congo, « près de 60 000 femmes auraient été violées (dont 1 724 cas documentés à Brazzaville)[16] durant les guerres civiles. Un quart de ces victimes de violences sexuelles avaient entre 12 et 15 ans. Dans certaines régions du pays, dont le Pool, le viol paraît avoir été une pratique de guerre systématique. Dans d'autres cas,

---

[12] Sellers (P.), Intervention au « *Séminaire sur la violence à l'encontre des femmes : des abus domestiques à l'esclavage* » organisé par l'Assemblée Parlementaire du Conseil, Commission pour l'égalité des chances pour les femmes et les hommes, Sous-Commission sur les violences à l'égard des femmes, Compte-rendu du Thème III : Viol dans les conflits armés, Bari 4-6 novembre 1999

[13] Bennoume (K. E.), " The War Against Women in Algeria ", in Ms Magazine, septembre/octobre 1995, p 22.

[14] Séminaire sur la violence à l'encontre des femmes : des abus domestiques à l'esclavage, Thème III, Le viol dans les conflits armés, Bari 4-6 novembre 1999.

[15] FIDH, Rapport alternatif de la FIDH au rapport initial présenté par l'Algérie au Comité sur l'élimination de la discrimination à l'égard des femmes, 19ème session, 15 janvier – 5 février 1999.

[16] Ce chiffre concerne les victimes qui se sont présentées à la structure spécialisée mise en place au Centre hospitalier de Makélékélé avec l'appui de Médecins Sans Frontières.

les femmes qui fuyaient la guerre n'avaient d'autre choix que de devenir des « femmes de militaires », échangées entre les combattants comme des produits. A Dolisie (55 000 habitants environ en 1997), les autorités estiment que 40 % des femmes de la ville auraient été violées »[17]. Des centaines de témoignages sur ces viols ont été recueillis par les associations de défense des droits de l'Homme et communiqués à la Commission des droits de l'Homme des Nations Unies. Il est indéniable que ce sont les femmes qui ont payé le prix fort de cette guerre.

De même, l'UNICEF a dénoncé des cas de viol systématique de femmes au cours du conflit armé qui se déroule dans le Pool depuis le début du mois d'avril 2002. Raymond Janssens, représentant de cette organisation au Congo, affirme que la plupart des femmes violées avaient subi des sévices corporels lors de leur exode du Pool à Brazzaville.[18]

Pour la première fois dans l'histoire du Congo, le viol systématique pour des raisons politiques est pratiqué à grande échelle.

Le nombre de femmes victimes de violences sexuelles au cours des guerres civiles qui ont endeuillé le Congo entre 1993 et 1999 montre l'importance de cette étude. Au-delà de son intérêt théorique, elle répond à certaines questions pratiques relatives à la prise en charge médico-psychologique des femmes victimes de violences sexuelles et à la réadaptation post-traumatique qui se posent au Congo de manière urgente.

B. Collecte des données

Dans les premières semaines du déclenchement des troubles politiques de 1993-1994, des femmes et des jeunes filles ont été violées à Brazzaville, dans la Bouenza, la Lékoumou, le Niari et le Pool. Des victimes se sont présentées au Centre hospitalier de Makélékélé pour une consultation d'urgence. Les cas rapportés dans cette étude ont été pris dans ce groupe de personnes. Ils ne concernent que les viols identifiés comme motivés par des raisons

---

[17] Nations Unies, *Plan ONU 2002. Ensemble ... à partir de la base*, Brazzaville, PNUD, 2002, p. 18 et 20.
[18] Agence France Presse, « L'UNICEF dénonce des cas de viols de femmes dans le Pool (Sud) », Dépêche, vendredi 26 avril 2002.

politiques manifestées par les agresseurs eux-mêmes à travers des insultes, des menaces et des questions. Tous les cas ont été accompagnés d'autres violences : coups et blessures, tortures, menaces de mort, exécutions sommaires d'autres membres de la famille, vols ou extorsions, etc.

Pendant cette période, la force publique n'a signalé aucun cas de violence sexuelle à des fins politiques alors que des dizaines de témoignages sont rapportés par des organisations de la société civile.

Il n'a pas été possible d'organiser un suivi de tous les cas rapportés, la plupart des victimes ayant disparu après les premiers contacts[19]. Les forces de l'ordre ayant été elles-mêmes le plus souvent impliquées dans ces viols, certaines victimes ont préféré ne pas donner leur adresse pour garder un anonymat complet par crainte de représailles. On peut également noter les réticences habituelles dues, soit à la honte et à l'humiliation, soit au désir de garder secret cet épisode dégradant afin d'éviter la stigmatisation et le rejet par le voisinage et éventuellement par le mari.

Pour analyser les stratégies thérapeutiques adoptées par les victimes et leurs familles, nous avons exploité les informations de terrain de nos études menées entre 1986 et 1993 au Laboratoire des sciences sociales du Centre DGRST/ORSTOM de Brazzaville, notamment l'enquête préliminaire pour l'élaboration du projet « *Sida, sexualité et relations de genre en milieu urbain au Congo.* »[20] Le parcours thérapeutique des personnes atteintes du SIDA figurait parmi les objectifs à étudier. Dans ce cadre nous avions interviewé des tradipraticiens, des groupes du Renouveau charismatique et des églises et sectes guérisseuses. La présence de centaines de patients a transformé les lieux de culte de ces « institutions » en véritable village où s'installent des familles pour un temps indéterminé : *Village matswaniste*[21] (ou village des

---

[19] Des familles ayant fui les zones d'exaction avaient trouvé refuge chez des parents ou à l'usine désaffectée de la SOTEXCO, à Kinsoundi (Makélékélé). Il était impossible d'y mener des enquêtes en raison des problèmes d'insécurité.
[20] Mianzenza (S.) et Libali (B.), *Sida, sexualité et relations de genre en milieu urbain*, Projet de recherche, Pré-enquête, Brazzaville, DGRST/ORSTOM, Laboratoire des sciences sociales, 1993.
[21] Fondé en 1926 en France par André Matswa, ce mouvement est à l'origine, une Amicale dont le but est de venir en aide aux originaires de l'Afrique Equatoriale

Corbeaux) du quartier Mpissa à Bacongo, *Eglise Pentecôtiste du Prophète Isaïe* à Poto-Poto.

Habitant à côté du Village matswaniste à Mpissa, le bon voisinage nous a permis de fréquenter cette communauté, d'établir des relations de confiance avec ses membres, d'assister au déroulement des cérémonies thérapeutiques, d'interviewer les malades et leurs familles en toute liberté.

Le matériau collecté nous a aidé à reconstituer plusieurs variables (histoire de la maladie, itinéraire thérapeutique, place et rôle de la famille dans la thérapie, post-thérapie, etc.) et à pallier en partie l'absence de suivi des cas rapportés dans cette étude.

Française libérés du service militaire en France après la première Guerre mondiale et la Guerre du Rif (Maroc). A ses débuts A. Matswa ne prétend pas apporter un message religieux et politique. Cependant, face aux nombreuses humiliations dont sont victimes les peuples colonisés, notamment ceux du Moyen Congo, André Matswa réclame l'aspiration de ces peuples à vivre libres. Il est arrêté, jugé et exilé en France. Il meurt en prison en 1942 dans des circonstances jamais élucidées, il serait enterré à Mayama dans la Région du Pool. Pour les membres de l'Amicale, Matswa est toujours vivant. Le matswanisme est né. Le mouvement devient messianique, attendant Matswa comme un messie qui viendra libérer le peuple congolais de l'oppression coloniale. Il se distingue par une opposition systématique à toute autorité celui des « Blancs » pendant la colonisation et celui des « Nègres Blancs » issu de l'accession du Congo à l'indépendance. D'où le rejet de tout ce qui symbolise l'administration l'école, l'hôpital, le recensement de la population, les pièces d'identité, l'impôt, le vote, etc.

Le mouvement a été victime de nombreuses répressions. Ses adeptes ont été bannis de Brazzaville et du Pool. Ils ont été assignés à résidence un peu partout sur le territoire national, ce qui a favorisé la diffusion du matswanisme en dehors du pays Lari où il est né.

L'isolement relatif des matswanistes a permis la conservation d'une grande partie de l'héritage culturel Kongo là où les missionnaires chrétiens ont tenté et souvent réussi à faire disparaître les traditions ancestrales. Les matswanistes sont aujourd'hui dépositaires d'un savoir faire thérapeutique traditionnel reconnue par la population.

Cf : Kouvouama (A.), *Mythes de salut et temporalité en Afrique centrale. Entre modernité et démocratisation*, Thèse pour le Doctorat d'Etat ès Lettres et Sciences humaines, Université René Descartes Paris 5, 2000 ,

_____ *Messianisme et civilisation au Congo*, Thèse pour le doctorat de 3ème cycle en Anthropologie sociale et culturelle, Université René Descartes Paris 5, 1999.

Egalement : Sinda (M.), *Le messianisme congolais et ses incidences politiques*, Paris, Payot, 1972.

S'agissant des violences sexuelles contre les femmes au cours des guerres civiles de 1997 et 1998-1999, les données ont été obtenues auprès des structures et des personnes impliquées dans la prise en charge médicale et psychologique des victimes. D'autres informations proviennent d'Amnesty International, du Comité des Droits de l'Homme des Nations Unies, de Human Right Watch (HRW), de Médecins sans frontière, de l'Observatoire congolais des droits de l'Homme (OCDH) et de la Fédération internationale des Ligues des droits de l'Homme (FIDH).

D'autres travaux du Laboratoire des sciences sociales du Centre DGRST/ORSTOM de Brazzaville ont été également mis à contribution pour décrire la condition de la femme congolaise et le contexte socio-économique et politique du Congo[22].

L'analyse et l'interprétation du processus thérapeutique traditionnel et religieux s'appuient sur la tradition orale *kôngo* recueillie auprès des Anciens. Plusieurs sources documentaires ont été également consultées dont des publications de spécialistes des sociétés de l'Afrique centrale, notamment *Kôngo*, des thérapies familiales ou des liens entre la religion et la santé (G. Balandier et C. Manckassa[23], J. M. Janzen[24], J.-P. Poaty[25], M. E. Gruénais et F. Hagenbucher-Sacripanti[26], H. Hochegger[27], G. Dimy Tchetche[28]

---

[22] Mboungou (G.), Mianzenza (S) et Loubaki (L.), *Normes démographiques et nouvelles dimensions de la famille congolaise*, Brazzaville, DGRST/ORSTOM et CRDI, 1988 ; Mianzenza (S), 1992, *Déterminants psychosociologiques de l'orientation scolaire et professionnelle des filles au Congo* ; 1990 et 1993, *Le phénomène de l'avortement à Brazzaville* ; 1991, *L'activité sexuelle des jeunes en milieu urbain* ; 1989, *La femme salariée et le contrôle des naissances en milieu urbain* ; 1987, *Formes de solidarité dans un quartier suburbain de Pointe Noire : Cas de Loandjili*.
[23] Sociologues, professeurs d'université.
[24] Médecin et anthropologue, Directeur de l'*African Studies Resource Center* et professeur au Département d'anthropologie de l'Université du Kansas à Lawrence (USA). Il a étudié le processus thérapeutique chez les peuples du Zaïre, particulièrement les Kôngo du Bas-Zaïre.
[25] Sociologue, chercheur au Ministère du Plan à Brazzaville.
[26] Anthropologues chercheurs à l'ORSTOM. Ils ont étudié le phénomène des sectes thérapeutiques au Congo Brazzaville.
[27] Missionnaire du Verbe Divin (St Gabriel, Mödling en Autriche), enseignant-chercheur, il est professeur à Kulturinstitut-Centre d'études ethnologiques de Bandundu (CEEBA) au Congo-Kinshasa qu'il dirige depuis sa fondation en 1965.
[28] Psychothérapeute, spécialiste de la thérapie familiale en Afrique de l'Ouest.

et les revues Cahiers ORSTOM des Sciences humaines et Religiologiques.

C. Plan de l'ouvrage

L'ouvrage est divisé en deux parties. Dans la première sont présentées les données permettant de mieux comprendre le phénomène de violence sexuelle : les concepts fondamentaux définissant la violence sexuelle et le viol, le syndrome de stress immédiat et le syndrome de stress post-traumatique (Chapitre I) ; les contextes économique et politique, la situation des femmes et les conséquences des guerres civiles au Congo (Chapitre II).

La seconde partie est consacrée à l'étude clinique et thérapeutique. Après une description de la population ciblée par les assaillants et de quelques cas cliniques (Chapitre III), l'étude traite des conséquences physiques et psychologiques des viols (Chapitre IV). Elle examine les thérapies susceptibles d'être mobilisées et les thérapies mises en œuvre pour venir en aide aux victimes : thérapie moderne, thérapie traditionnelle, thérapie à caractère religieux (Chapitre V). Elle examine également les traitements juridiques possibles, indispensables dans le processus de guérison (Chapitre VI).

Première Partie

LA VIOLENCE SEXUELLE

Chapitre Premier

QUELQUES CONCEPTS FONDAMENTAUX

Commençons par rappeler quelques définitions. La santé sexuelle « implique chez les êtres sexués une complémentarité entre les aspects somatiques, affectifs, intellectuels et sociaux qui leur permettent de parvenir à un épanouissement, à communiquer, à aimer »[29]. Elle résulte de l'interaction de données biologiques, psychologiques et socioculturelles d'une part, d'influences réciproques entre individus d'autre part. En effet, le milieu se présente comme un véhicule et un instrument de contrôle de l'adéquation du comportement sexuel aux règles intra-sociales. C'est pourquoi le groupe social lui-même et les institutions (famille, école, amis, Eglises, etc.) exercent une pression plus ou moins forte sur l'individu et l'amènent à une certaine conformité. En cas de non-adhésion au système, le comportement est défini comme transgresseur et s'expose à des jugements d'ordres moraux (répréhensibles ou non), juridiques (punissables ou non) et/ou médicaux (sain ou malade).

La normalité peut donc être morale, juridique, sanitaire ou statistique, la norme statistique étant représentée par la tendance générale du groupe. Chaque fois qu'un individu choisit une forme de sexualité non conforme à celle du groupe (par exemple le viol), il sort de la normalité et sa sexualité est dite déviante, car elle porte atteinte à l'intégrité morale, physique ou psychologique de l'autre.

Phénomène apparu au Congo en 1993, la violence sexuelle systématique à des fins politiques a été confirmée par de nombreux témoignages : médecins, travailleurs sociaux, Eglises, ainsi que diverses organisations humanitaires et de défense des droits de l'Homme locales et internationales.

---

[29] OMS, Groupe d'experts sur la violence sexuelle, 1996.

A. La violence sexuelle

La violence sexuelle désigne l'usage délibéré du sexe en tant qu'arme pour démontrer sa puissance sur un autre être humain, le faire souffrir et l'humilier. Elle n'est pas nécessairement accompagnée de contacts physiques directs entre le criminel et la victime. Les menaces, l'humiliation et l'intimidation peuvent être considérées comme de la violence sexuelle. C'est une torture d'un genre particulier, à la fois sexuelle, physique et psychologique, exercée dans le but d'agresser une personne et de porter atteinte à son intégrité physique et psychique.[30]

Il n'existe pas de définition universellement acceptée de la violence à l'égard des femmes. Mais un groupe international d'experts réuni par l'Organisation mondiale de la santé (OMS) en février 1996 a estimé que la définition adoptée par l'Assemblée générale des Nations Unies constituait une référence utile pour les activités de l'OMS.

La *Déclaration sur l'élimination de la violence à l'égard des femmes* (1993) définit en effet la violence à l'égard des femmes comme « tous actes de violence dirigés contre le sexe féminin et causant ou pouvant causer aux femmes un préjudice ou des souffrances physiques, sexuelles ou psychologiques, y compris la menace de tels actes, la contrainte ou la privation arbitraire de liberté, que ce soit dans la vie publique ou dans la vie privée »[31].

Cela comprend notamment « la violence physique, sexuelle et psychologique exercée au sein de la famille ou de la collectivité, y compris les coups, les sévices sexuels infligés aux enfants de sexe féminin au foyer, les violences liées à la dot, le viol conjugal, les mutilations génitales et les pratiques traditionnelles préjudiciables à la femme, la violence non conjugale et la violence liée à l'exploitation [...], le harcèlement sexuel et l'intimidation au travail, dans les établissements d'enseignement et ailleurs, le

---

[30] Déclaration sur l'élimination de la violence à l'égard des femmes adoptée par l'Assemblée générale des Nations Unies en 1993. Cf. également le rapport de la consultation sur la violence à l'égard des femmes, Genève, OMS en février 1996.
[31] Nations Unies, Déclaration sur l'élimination de la violence à l'égard des femmes, Assemblée Générale, 1993

proxénétisme et la prostitution forcée [...], et la violence perpétrée ou tolérée par l'Etat, où qu'elle s'exerce. »[32]

D'après l'OMS, la torture sexuelle désigne tout acte de nature sexuelle (violences physiques et violences mentales, les unes et les autres ayant pour résultat une humiliation sexuelle), commis dans le but d'agresser une personne et de porter atteinte à son intégrité physique et psychique.[33]

En matière de violence sexuelle, c'est le viol qui retient le plus souvent l'attention du public.

B. Le viol

Le viol est défini comme un acte de pénétration sexuelle de quelque nature qu'il soit, commis sur la personne d'autrui par violence, contrainte, menace ou surprise.[34] Il est considéré comme la plus classique des violences sexuelles. Il entraîne chez la victime des perturbations de grande ampleur. Cette forme de violence s'exerce surtout sur les femmes.

En temps de paix, le viol représente une expérience traumatisante pour la personne qui le subit. Il entraîne chez la victime des perturbations de grande ampleur.

En situation de conflit, le viol a la particularité d'être utilisé comme une arme de guerre pour intimider, humilier et dégrader l'adversaire, sa famille et sa communauté. Il sert d'instrument permettant de déshumaniser, de fragiliser et de punir l'ennemi et, enfin, de récompenser les combattants. Le viol s'accompagne aussi d'autres traumatismes liés au conflit armé : torture, décès de personnes proches (conjoint, enfants, parents, amis, etc.), perte des biens, etc. Pour la femme, la destruction de la structure familiale est synonyme de perte de symboles sociaux importants ; elle suscite un sentiment d'impuissance, de désespoir et de perte d'appartenance. Par ailleurs, la brutalité qui accompagne le viol

---

[32] Nations Unies, idem.

[33] OMS, *La violence à l'égard des femmes*, in Aide-mémoire n° 128, août 1996, p. 1. Cf. également OMS, *La violence à l'encontre des femmes*, in Aide-mémoire OMS n° 239, juin 2000.

[34] Loi n°80-1041 du 23/12/1980 réformant l'article 332 du Code pénal français. Cf. également l'article 222-23 du Code pénal applicable à compter du 1er mars 1994.

entraîne chez la victime une grave altération de l'estime de soi, un doute d'elle-même et lui inspire un sentiment de dévalorisation sociale.

Le viol systématique est déterminé par l'appartenance des femmes à un groupe ennemi. Elles sont souvent violées parce qu'elles sont considérées tout d'abord comme une part du butin que le vainqueur s'octroie comme un quelconque bien arraché à l'adversaire.[35] C'est un dispositif liant la cruauté et le pouvoir politique. « Il existe une extraordinaire accointance entre pouvoir et violence, des liens si étroits, tenant tellement à leur structure, qu'on en vient à penser que le seul vrai problème du pouvoir, c'est la violence, et que la seule finalité véritable de la violence, c'est le pouvoir, sous quelque forme que ce soit »[36].

Le viol des femmes est donc présenté comme une modalité de la haine envers l'ennemi. Par le viol, il ne s'agit pas seulement d'assouvir des instincts sadiques sans risque de sanction juridique ou sociale mais d'atteindre l'autre dans sa dignité. Les agresseurs affirment leur identité et leur supériorité. Le viol joue aussi une fonction de terreur et de guerre psychologique. Par ailleurs, si la femme est enceinte, l'enfant rappellera le viol, l'impuissance de son groupe et la victoire de l'ennemi. A travers le viol et la possession du corps de la femme, le conquérant entend atteindre le groupe adverse.

En visant les femmes, c'est tout le groupe et le sang de l'adversaire qui est atteint. La haine est construite sur une propagande définissant l'adversaire comme le pire ennemi, l'accusant de tous les maux, l'avilissant et le déshumanisant. Les tortionnaires ont imaginé des pratiques visant à humilier leurs victimes jusqu'à la totale négation de leur humanité, comme la pratique de leur faire boire leur propre urine ou d'avaler les photos de leur leader politique. Mais c'est dans le viol que se manifeste avec le plus d'évidence cette volonté d'humiliation.

A travers le viol *systématique*, on signifie à l'ennemi et à son entourage qu'il n'a plus aucun droit à l'existence. A cela s'ajoute la

---

[35] FIDH, *Rapport alternatif de la FIDH au rapport initial présenté par l'Algérie au Comité sur l'élimination de la discrimination à l'égard des femmes*, 19ème session, 15 janvier – 5 février 1999.

[36] Dadoun (R.), *La violence Essai sur l'homo violens*, Paris, Hâtier, 1993.

destruction sociale. Les pratiques de torture, d'extorsion, et de destruction des biens aboutissent, à faire le vide autour de la victime, à la déraciner, à la priver de tout repère symbolique pouvant lui permettre de s'identifier comme être humain et membre de la société.

C. Traumatisme et syndrome de stress post-traumatique

L'accumulation de ces différents événements place la victime en situation de polytraumatisme.

Traumatisme

« En psychologie, on désigne généralement par traumatisme un événement de vie laissant trace, à l'exemple d'une atteinte corporelle ne parvenant pas à cicatriser. C'est pourquoi, il arrive que l'on décrive le traumatisme comme un processus détruisant l'équilibre, la configuration psychique préexistante, sans parvenir à donner lieu à un nouvel agencement. Entendu en ce sens, le traumatisme peut être considéré comme un agent de destruction de la psyché, par conséquent le seul agent dont on peut dire qu'il modifie à coup sûr. »[37]

Le traumatisme est un événement de nature insensée qui plonge le sujet dans un doute permanent, qui le fige à un moment donné de sa vie et qui généralement réduit considérablement le champ de ses intérêts ainsi que ses capacités créatrices et intellectuelles.[38] Il est provoqué par le vécu émotionnel terrifiant d'un danger survenu soudainement sans préparation. C'est un événement brutal, imprévisible mais surtout incompréhensible, inimaginable qui saisit une personne, la laissant sans voix et sans pensée. Il attaque toutes les représentations de la victime et les remet en question. Le trauma bouleverse l'organisation psychique interne propre à chacun à tous les niveaux et révèle le degré de fragilité du moi et de désorganisation du narcissisme. Les enveloppes psychiques individuelles et collectives pare-excitatrices

---

[37] Zadje (N.), *Soigner les survivants de la Shoah c'est redonner vie au monde juif*, Conférence donnée à la Salle polyvalente de la Mairie du 11ème arrondissement Paris, lors d'une réunion organisée par l'Association : *Les enfants oubliés de la seconde guerre mondiale*, Paris, 9 janvier 2000.
[38] Zadje (N.), op.cit.

qui protègent le psychisme et la pensée semblent voler en éclats. Cet excès d'excitation violent pénètre et s'impose à la victime qui la subit, sans qu'il puisse la mettre en relation avec d'autres expériences vécues, pré-inscrites dans son histoire. La déliaison psychique interne ainsi provoquée bloque, empêche le processus d'intégration psychique de représentation, de symbolisation, de mémorisation.[39] Imposé, hors représentation et créant ainsi des zones blanches dans l'appareil psychique, le trauma constitue une blessure narcissique, une plaie psychique profonde dont la victime n'a plus les moyens réparateurs.

Les mécanismes de défense habituels de la victime sont mis en défaut face à l'inacceptable, à l'impensable et à la situation d'horreur et de détresse où elle se trouve. L'effraction brutale de l'appareil psychique entraîne rupture et destruction des instances psychiques et sidère les fonctions élaboratives. L'appareil psychique est envahi par un excès de stimuli sensoriels (visuels, auditifs, cénesthésiques) alors que la figuration et la représentation de l'événement sont impossibles. Le psychisme est pris en masse et totalement sidéré, invalidé par ce qui s'impose. Seuls des mécanismes de défense de type survie psychique sont possibles : déni, clivage et rejet.

Les traces sensorielles en excès et les marques du trauma plus ou moins bien isolées dans l'appareil psychique restent actives et toujours susceptibles de réactivation (mais non d'élaboration) et d'émerger à l'occasion d'un signe extérieur répétant des fragments violents et insensés d'une scène qui s'impose et que le sujet ne peut inscrire dans une expérience de vie.

Selon Ferenczi, « le choc est équivalent à l'anéantissement du sentiment de soi, de la capacité à résister, d'agir et de penser en vue de défendre le Soi propre. »[40] Dans ce chaos, l'angoisse traumatique de protection envahit le sujet qui se trouve dans l'incapacité de faire face avec ses moyens habituels, ne pouvant ni

---

[39] Granjon (E.), *Les blessures qui ne se voient pas*, in F. Maqueda, (sous la direction de), *Traumatismes de guerre. Actualités cliniques et humanitaires*, Revigny-sur-Ornain, Les Editions Hommes et Perspectives, 1999, pp. 99-104.

[40] Ferenczi (S.), Réflexion sur le traumatisme, cité par Ch. Péchiné, *Guerre et catastrophe. Souffrance et traumatisme*, in F. Maqueda, (sous la direction de), *Traumatismes de guerre. Actualités cliniques et humanitaires*, Revigny-sur-Ornain, Les Editions Hommes et Perspectives, 1999, pp. 29-40.

percevoir ni décharger sur le plan moteur. Pour trouver une soupape, l'autodestruction peut être préférée à la souffrance muette : c'est alors la conscience qui est détruite.

Toutefois, il faut signaler une précision très importante : victimes d'un même acte de violence, tous les sujets ne développent pas les mêmes symptômes pour des raisons qui tiennent sans doute aux personnes. On doit également prendre en compte la dimension sociale, intersubjective ou culturelle dans une telle situation.

Syndrome de stress-post traumatique (SSPT)

Le syndrome de stress post-traumatique apparaît après un temps de latence plus ou moins long. Il se compose de signes de répétition traumatique, reviviscence de l'événement qui s'appuie essentiellement sur des souvenirs sensoriels. Les cinq sens peuvent en être le support.

« Des études de longue durée montrent que 17 % des personnes ayant vécu un événement traumatique présentent un SSPT chronique »[41]. Longtemps après l'agression, parfois toute sa vie durant, l'individu traumatisé conserve cette conviction qu'une partie de lui ou même la totalité de son être a été capturée dans un univers hors d'atteinte du monde normal, du monde des humains, comme si le monde s'était vidé, comme s'il n'existait plus personne capable de l'aider, de le comprendre ou encore de lui expliquer ce qui lui est arrivé. Le traumatisé souffre d'obsessions, de pensées figées, toujours aussi douloureuses et inconsolables. Ces processus sont à l'origine du profond sentiment d'isolement dont souffrent tous les traumatisés.

Ces troubles sont le résultat direct du stress aigu et le signe d'un traumatisme persistant, conditions sine qua non de leur apparition. Bien que de tels symptômes relevant de cette catégorie puissent avoir d'autres origines, la séquence clinique suivante permet de les rattacher au traumatisme : état de stress aigu,

---

[41] Stanoiu (R-M), Rapport du Thème III *Viol dans les conflits armés, Séminaire sur la violence à l'encontre des femmes des abus domestiques à l'esclavage* organisé par l'Assemblée Parlementaire du Conseil, Commission pour l'égalité des chances pour les femmes et les hommes, Sous-Commission sur les violences à l'égard des femmes, Bari 4-6 novembre 1999 Doc. 8668, 15 mars 2000, p. 3.

syndrome de stress post-traumatique et inadaptation. En effet, le SSPT recouvre des symptômes cliniques[42] relativement caractéristiques d'altération des mécanismes de défense de l'individu et de son comportement social mais ces troubles sont rarement chroniques alors qu'ils se manifestent régulièrement lorsque le sujet est confronté à un stress intense. Les symptômes caractéristiques apparaissent à la suite d'une exposition à une cause de stress extrême telle que le fait de vivre directement un événement durant lequel des personnes meurent ou sont menacées de mort, sont gravement blessées ou viennent d'apprendre qu'un membre de leur famille a connu une mort inattendue ou violente ou de savoir qu'un proche est menacé de mort.

L'état de stress post-traumatique se définit ainsi par ces symptômes :

- « des flash-back, c'est-à-dire un revécu émotionnel et sensoriel (comme des hallucinations) des scènes qui vous ont le plus marquées. Et la nuit, ce revécu se traduit par des cauchemars qui, à la longue, induisent des insomnies chroniques ;
- « une tendance à éviter tout ce qui touche de près ou de loin à l'événement traumatisant, pensées, émotions, situations, […], ce qui peut rendre les relations à autrui de plus en plus difficiles ;
- « une hyperactivité du système neurovégétatif : on sursaute au moindre bruit, on n'arrive pas à s'endormir ou on se réveille durant la nuit plusieurs fois, on a des troubles digestifs qui deviennent chroniques, etc. »[43]

---

[42] Le stress ses signes et symptômes.
[43] Centre de Psychologie humanitaire, Traumatisme et PTSD.

Ces considérations conduisent à traiter la violence sexuelle comme un type particulier de traumatisme des conflits armés et les femmes violées comme des victimes en situation de détresse extrême. Cependant, il convient de se fonder sur des situations précises pour pouvoir donner une appréciation globale et utilisable aux constatations ci-dessus. Rien ne sert de chercher un traumatisme tant qu'il n'a pas été repéré par la victime et son groupe d'appartenance, ainsi que ses potentielles solidarités.

Avant l'étude clinique à laquelle on pourrait confier l'espoir de trouver des solutions propres, il faut d'abord analyser l'environnement social, économique et politique dans lequel est survenue la violence politique au Congo.

Chapitre II

LE CONTEXTE

Le Congo couvre une superficie de 342 000 km². Il partage ses frontières avec le Cameroun et la Centrafrique au nord, le Gabon à l'ouest, le Congo démocratique à l'est et le Cabinda (Angola) au sud où il est également bordé par l'Atlantique. Le pays comptait 2,6 millions d'habitants en 1993-94 dont environ 51,5 % de femmes. Cette population est très jeune : le groupe des 0-14 ans représente 45,5 % contre 51,5 % environ pour les 15-64 ans et 3 % pour les plus de 64 ans. La population se partage en trois principaux groupes ethniques : les *Kôngo* au Sud (48 % de la population), les *Téké* au Centre (22 %) et les *Mbochi* au Nord (13 %).

Son économie repose sur l'exploitation des ressources naturelles. Le pétrole exploité off shore est la première richesse du pays. La forêt qui couvre 60 % du territoire fournit le bois, deuxième richesse congolaise ; le Sud est le domaine de l'okoumé et du limba tandis que le Nord est celui des bois rouges (sipo, sapelli, etc.).

A. Contexte économique

Au début des années 90, le Congo est confronté à une situation économique et sociale très difficile. Le retournement de la conjoncture à partir de 1984 à la suite de la chute des cours du pétrole et du dollar a plongé le pays dans une récession économique sans précédent. Les gouvernements successifs ont essayé de mettre en œuvre des politiques de stabilisation et des programmes d'ajustement structurel pour atténuer les obstacles à la croissance économique et rétablir les principaux équilibres macro-économiques.

Sur le plan interne, les mesures d'ajustement ont concerné l'assainissement des comptes publics (en 1990 le déficit global des finances publiques est égal à -6,6 % du PIB nominal contre -0,9 % en 1980), la libéralisation des prix et du commerce, la liquidation et la privatisation des entreprises publiques et l'encadrement de la monnaie et du crédit.

Au plan extérieur, il s'agissait d'atténuer le déficit du compte courant (-11 % du PNB en 1990 contre +19 % en 1980), de limiter le recours à l'endettement et d'assurer le service de la dette. La dette extérieure est passée de 128 % du produit national brut en 1980 à 558 % du PNB en 1990 tandis que le service de la dette évoluait au rythme de 17,9 % par an passant de 20 % à 57 % des exportations en valeur pendant la même période. Ou peut dire que le Congo est un pays étranglé depuis les années 80.

La situation du Congo ne peut se comprendre en soi car ses relations avec le modèle de développement sont essentielles. Parler de crise dans ce cas est un euphémisme car il s'agit d'un état chronique dont l'évolution est ponctuée de phases aiguës qui se caractérisent par des convulsions brutales, et, chaque fois plus graves, des éléments qui organisent et structurent l'Etat et la société.

1. La stratégie congolaise de développement

Au lendemain de l'indépendance, le Congo a choisi une stratégie de développement accordant un rôle essentiel à l'Etat. La politique économique mise en œuvre a favorisé le développement d'un vaste secteur public grâce à un endettement massif, les gouvernements anticipant les revenus de la rente pétrolière. L'émergence de la rente pétrolière au début des années soixante-dix, la polarisation des investissements dans les centres urbains, l'éducation pour tous favorisant l'enseignement général plutôt que l'enseignement technique et professionnel et la concentration des emplois dans le secteur public ont vidé les campagnes congolaises de leurs éléments les plus actifs. Deux villes (Brazzaville et Pointe Noire) se sont développées d'une manière démesurée. Elles sont devenues le lieu de cristallisation de toutes les batailles politiques. Les enjeux sont tout simplement le contrôle de la rente pétrolière et de sa répartition, c'est-à-dire le contrôle du secteur public, de l'armée et des syndicats, sphères qui permettent une soumission de la population, notamment de la jeunesse, par le biais de l'accession à l'emploi.

2. Caractéristiques de la population congolaise

Selon les données inter-censitaires (1965, 1973 et 1984), la croissance de la population congolaise est passée de 2,5 % par an en 1961-80 à 3,1% au début des années 1980. Cette progression s'explique par l'évolution de la population urbaine qui a crû au rythme annuel de 5 % au cours de la période 1965-84 et 6,5 % à partir de 1985. Parallèlement, la croissance de la population rurale est respectivement de 1,6 % et 1 %. En 1990, on estime que plus de 85 % des hommes de 25 à 39 ans sont installés dans les deux principales villes du pays : Brazzaville et Pointe Noire.

L'exode rural et l'urbanisation accélérée ont provoqué la disparition de nombreux terroirs, la désertification et le dépérissement des campagnes. Entre 1972 et 1984, le nombre de villages est ainsi passé de 6 092 (Recensement agricole 1972-73) à 4 551 (RGPH 1984). En douze ans, 25,3 % des localités rurales ont disparu, soit 154 par an ou un village tous les deux jours. On estime aussi que 1 200 villages devaient disparaître entre 1985 et 2000.

Ce déséquilibre ville-campagne se double d'un déséquilibre géographique au profit de la partie méridionale du pays. Tous les centres urbains les plus importants (Brazzaville, Pointe Noire, Dolisie et Nkayi) et 70 % environ de la population totale du Congo se trouvent concentrés sur une bande de terre d'environ 60 km de large à cheval sur le chemin de fer (CFCO) qui relie Brazzaville à Pointe Noire sur l'océan Atlantique (Tableau 1). Cette zone polarise l'essentiel des activités économiques du pays.

Par ailleurs, les taux de fécondité dynamiques (6,3 enfants par femme) couplés à la baisse de la mortalité infantile et à l'amélioration de l'accès aux soins de santé primaires ont favorisé l'émergence d'une population très jeune. La scolarisation étant obligatoire jusqu'à l'âge de 16 ans, les taux de dépendance économique sont par conséquent élevés.

Tableau 1 Répartition de la population congolaise selon les recensements de 1974 et 1984

POPULATION	Brazzaville et Pointe Noire	Régions administratives méridionales		Régions administratives septentrionales	
		Centres secondaires	Zones rurales	Centres secondaires	Zones rurales
Recensement général de la population et de l'habitat de 1974					
Population du Congo		1 319 796			
Populations régionales	529 829	520 462		269 505	
Populations locales	-	104 065	416 397	71 371	198 134
Pop. locales/Populations régionales	100 %	20,0 %	80,0 %	26,5 %	73,5 %
Pop. locales/Population du Congo	30,1 %	7,9 %	31,6	5,4 %	15,0 %
Recensement général de la population et de l'habitat 1984					
Population du Congo		1 909 248			
Populations régionales	974 399 a/	595 543		339 306	
Populations locales	-	166 944	428 599	118 456	220 850
Pop. Locales/Populations régionales	100 %	28,0 %	72,0 %	34,9 %	65,1 %
Pop. Locales/Population du Congo	51,3 %	8,7 %	22,4 %	6,1 %	11,5 %

a/ Y compris absorption de la population du District de N'Gamaba (50 000 habitants) dans le Pool par Brazzaville.
Source Ministère du Plan, Recensement général de la population et de l'habitat, 1974 et 1984

3. L'importance du secteur pétrolier

L'économie congolaise est dominée par le pétrole. Elf est le principal opérateur. Selon les années, l'or noir représente 30-40 % du PIB, 70-80 % des recettes budgétaires et 90-95 % des exportations en valeur. Le secteur fonctionne comme une enclave. Ses effets d'entraînement directs sur le reste de l'économie, aussi bien en terme de consommations intermédiaires qu'en terme de volume d'emplois créés restent faibles. Les relations du pétrole avec le reste de l'économie congolaise passent essentiellement par les dépenses publiques.

4. Le poids du secteur public

Au début des années 1990, le Congo comptait 32,7 fonctionnaires pour 1 000 habitants contre une moyenne de 8,4 pour l'Afrique francophone (tableau 3). Alors que la population congolaise était égale à 3 % environ de la population de l'Afrique francophone, la Fonction Publique congolaise représentait 11 % des fonctionnaires de ladite zone. Aux agents de l'Etat s'ajoutent les employés des entreprises publiques (13 356 en 1992 après avoir atteint 18 000 environ au début des années 1980).

Tableau 2 : <u>Poids de la Fonction publique en Afrique francophone en 1993-94</u>

	Population (en millions d'habitants)	Effectif Fonctionnaires	Nombre de fonctionnaires pour 1000 habitants
Cameroun	12,54	180 000	14,4
Centrafrique	3,14	20 000	6,3
Congo	2,45	80 000	32,7
Gabon	1,01	31 000	30,7
Guinée Equatoriale	0,38	6 000	15,8
Tchad	6,13	27 000	4,4
Bénin	5,05	33 000	6,5
Burkina Faso	9,80	25 700	2,6
Côte d'Ivoire	13,22	109 000	8,2
Mali	9,20	38 000	4,1
Niger	8,44	39 000	4,6
Sénégal	7,89	67 000	8,5
Togo	3,99	47 000	11,8
Afrique francophone	82,80	712 700	8,4

Source : Goureux (L.M.), *La dévaluation du franc Cfa. Un premier bilan en décembre 1995*, Banque Mondiale, 1996 ; World Bank, Selected Background data., Tab 1-2. Population, Washington DC, 1998.

Le secteur économique d'Etat a fonctionné selon la même logique que la Fonction publique. Il était devenu un prolongement social particulier de l'appareil d'Etat. Priorité avait été accordée à la résolution des problèmes sociaux du « village » au détriment de l'efficacité et de la rentabilité économiques. Le rôle essentiel accordé à l'Etat traduit en réalité la logique suivante : la sphère de la production est déconnectée de celle de la consommation et on se trouve dans une problématique de distribution sans commune mesure avec la production. Le cadre macro-économique congolais est tout à fait caractéristique du passé et du modèle de développement du Congo.

Dans un pays où les institutions publiques ont toujours été inféodées à la classe politique, la gestion de l'Etat s'exprime sous forme de clientélisme et de trafic d'influences à tous les niveaux. Pour le détenteur du pouvoir, les avantages d'un tel système sont évidents. La généralisation de ces pratiques permet une diffusion horizontale de *revenus extraordinaires,* ce qui aboutit à un élargissement du cercle des personnes qui profitent du régime, donc du champ de celles qui militent pour la conservation des structures politiques et la pérennisation du système.

Plus que le pouvoir lui-même, c'est le contrôle des revenus de la rente qui est le véritable enjeu des luttes politiques au Congo ; ce qui explique leur apprété et leur férocité.

Au début des années 1980, les jeunes ont commencé à être confrontés à la dégradation de la situation économique et sociale et aux principaux maux qui l'accompagnent : le chômage, l'insuffisance et la saturation des établissements scolaires, les problèmes de santé, la malnutrition et la criminalité. Démunis, désespérés, déracinés, ils attendaient mieux de leurs « aînés ». La désintégration sociale était donc devenue inévitable. C'est dans ce terreau que les hommes politiques ont recruté des éléments, moyennant quelques billets de francs CFA, pour constituer leurs milices.

B. Contexte politique

Le Congo est marqué depuis son indépendance (1960) par une tradition de violence politique instituée en méthode de gouvernement.

1. Les luttes au sein du parti unique

La suspicion mutuelle et les rivalités politiques sont au cœur de la violence congolaise. Elles se sont toujours terminées dans le passé par des règlements de compte sanglants. Le phénomène a commencé à s'exacerber lorsque le pays est devenu un Etat à parti unique en 1964. Il s'est accentué après 1968, avec la prise du pouvoir par les militaires, la création du Parti congolais du travail (PCT) et la résurgence des atavismes ethno-régionalistes.

Dans les années 70, ces violences ont conduit à l'élimination physique en 1972 des membres de l'aile gauche du PCT, l'assassinat en 1977 de Marien Ngouabi, président de la République, du cardinal Emile Biayenda, d'Alphonse Massamba-Débat, président de la république de 1963 à 1968[44]. Le harcèlement, les arrestations arbitraires, les détentions illégales, la torture, les viols et les exécutions sommaires ont été courants. L'appareil judiciaire n'a eu qu'une influence limitée sur l'autorité de la loi parce que cette violence était institutionnelle. Le Parti supra-constitutionnel, au-dessus de l'Etat, est le fondement même du pouvoir dans les régimes marxistes. De là est née une culture de l'impunité au Congo. Selon la Conférence nationale souveraine qui s'est tenue en 1991, la violence institutionnelle pendant le règne du parti unique (1964-1990) a causé plus d'un millier de victimes[45].

Cette période a laissé se sédimenter un climat de tension politique permanente et d'insécurité ; les responsables de cette violence n'ont jamais été poursuivis. Elle a secrété une perte de confiance dans les institutions, notamment le système judiciaire, les forces de sécurité et les forces armées.

Marxiste héritière du parti unique, la classe politique congolaise n'a pas vraiment adopté les principes du pluralisme avec l'ouverture démocratique intervenue en 1992 à la suite de la Conférence nationale souveraine. Les partis ne sont porteurs d'aucun projet politique. Les différences entre les uns et les autres recouvrent en réalité plus des oppositions régionales que des

---

[44] Moudileno Massengo (A.), *Procès de Brazzaville. Le réquisitoire*, Paris, L'Harmattan, 1986.
[45] Actes de la Conférence nationale souveraine, Brazzaville, 1991 ; également, Amnesty International. République du Congo. Une ancienne génération de dirigeants responsables de nouveaux carnages, Londres, 25 mars 1999.

antagonismes ethniques dans la mesure où l'urbanisation a entraîné des brassages importants de toutes les ethnies.

En effet, les différents groupes ethniques ne se sont pas dotés d'une représentation partisane propre. Leur vote se fractionne en fait entre les différents mouvements représentatifs de leur région d'origine. Tout se passe donc comme si le parti unique avait éclaté en plusieurs formations couvrant chacune une portion de territoire congolais mais continuant à pratiquer le même monolithisme. Pratiquant volontiers l'anathème que le dialogue, ces mouvements n'hésitent pas à porter leurs querelles hors de l'espace politique et à s'opposer sur la place publique par milices interposées.

La décomposition des institutions et la pérennité des pratiques politiques propres à la période du « marxisme-léninisme » constituent sans doute deux des facteurs décisifs de la violence politique du Congo depuis le début des années 1990. Cette violence a été exacerbée par la méfiance et l'antagonisme entre les partis politiques qui, de ce fait, ont créé des milices après avoir distribué des armes de guerre au sein de la population :

- les *Aubevillois*, les *Zoulous*, les *Cocoyes* et les *Mambas* se réclament de l'UPADS (Union panafricaine pour la démocratie sociale) de Pascal Lissouba, président de la république de 1992 à 1997 ;
- les *Ninjas* ont prêté allégeance à Bernard Kolelas, président du MCDDI (Mouvement congolais pour la démocratie et le développement intégral), maire de Brazzaville (1994-97) et Premier ministre (septembre-octobre 1997) ;
- les *Cobras* se réclament de Denis Sassou-Nguesso, président de la république de 1979 à 1992. Depuis 1997 il est à la tête du FDU (Forces démocratiques unies), coalition qui regroupe le PCT (Parti congolais du travail) et quelques petits partis ;
- les *Faucons* appartiennent au RDD (Rassemblement pour la démocratie et le développement) de Yhombi Opango, président de la République de 1977 à 1979 et Premier ministre de P. Lissouba de 1994 à 1996.
- les *Requins* obéissent au RDPS (Rassemblement pour la Démocratie et le Progrès Social) de Jean Pierre Thystère-Tchicaya, maire de Pointe Noire de 1994 à 1997.

2. La violence hors du champ politique : les guerres civiles

Le Congo a connu trois guerres civiles au cours des années quatre-vingt-dix.

La première guerre civile (1993-1994)

Elle voit s'affronter principalement les *Aubevillois* et les *Ninjas* (appuyés par des éléments armés de Sassou-Nguesso) dans les quartiers Sud de Brazzaville. L'armée régulière prend part aux combats en bombardant Bacongo et Makélékélé. Les troubles touchent également les régions sous influence politique de ces deux leaders où une véritable chasse à l'étranger (non originaire de la région) est organisée, ce qui provoque un exode massif de population. On assiste à la naissance des ghettos ethniques dans la capitale congolaise (Mounkondo, Bacongo, et Mfilou).

La deuxième guerre civile (5 juin-15 octobre 1997)

La guerre civile éclate le 5 juin 1977 alors que le 31 mai 1997, devant M. Fréderico Mayor, Directeur Général de l'Organisation des Nations Unies pour la science et l'éducation (UNESCO), les leaders des différents partis politiques venaient de signer un « Engagement solennel pour l'élection présidentielle du 27 juillet 1997 » par lequel ils s'engageaient à tout mettre en oeuvre en vue d'une élection libre, pacifique et transparente. Cet accord n'a nullement empêché l'explosion de la violence. Le 5 juin 1997, six jours à peine après la signature, le conflit armé oppose à Brazzaville l'armée régulière aux partisans de Sassou-Nguesso. L'extension rapide des combats dans les quartiers Nord de Brazzaville démontre que les Cobras étaient préparés et prêts au combat. Les violences prennent une intensité croissante à l'approche de l'élection présidentielle prévue en juillet 1997. L'issue de la crise est restée indécise jusqu'à l'intervention des forces angolaises aux côtés des forces de Sassou-Nguesso. Fort du soutien angolais, les Cobras se rendent successivement maîtres de Brazzaville et de Pointe-Noire et s'emparent du pouvoir. Mais Pascal Lissouba jure de revenir au pouvoir.

La troisième guerre civile (octobre 1998-mai 1999)

La troisième guerre civile est la suite logique de la guerre de 1997 Les milices défaites de l'ancien pouvoir se sont repliées dans les zones rurales. Elles ont commencé à mener des actions de guérilla dans les régions situées au sud de Brazzaville. En 1998, les forces de Sassou-Nguesso mènent des contre-offensives. Cette violence renouvelée atteint son paroxysme à la mi-décembre. Entre 200 000 à 300 000 personnes sont contraintes de fuir leur domicile[46] pour les forêts des régions méridionales du pays, le Congo Kinshasa et le Gabon, à l'invite du gouvernement ou forcées par la fureur des combats qui détruisent les quartiers du sud de Brazzaville, fiefs de Lissouba et Koléla. Les combats persisteront au cours de la première moitié de 1999, les forces gouvernementales et l'opposition armée se disputant le contrôle du sud du Congo. Dès novembre 1999, le gouvernement reconquiert la plupart des régions. Il repousse les forces rebelles vers la frontière gabonaise. Les milices de l'ancien pouvoir sabotent les lignes électriques et le chemin de fer, provoquant de sévères pénuries d'eau potable et la disette au sud du pays. Les régions du Nord, quant à elles, ne sont pas touchées par le conflit.

Durant une bonne partie du conflit de 1998-99, la guérilla empêche les populations qui ont fui dans les forêts de regagner les zones contrôlées par les forces gouvernementales. Des centaines de milliers de personnes dans le besoin sont privées d'assistance humanitaire. Certaines organisations humanitaires accusent les milices de tenir la population civile « en otage ».

En août 1999, Sassou-Nguesso décide d'amnistier tout combattant acceptant de déposer les armes et de renoncer à la violence. Plusieurs accords militaires de cessez-le feu sont conclus en novembre et décembre 1999 entre le gouvernement et les chefs des principales milices. Depuis, une paix fragile prévaut au Congo.

---

[46] US Department of State, Country Reports on Human Rights Practices, Washington DC, February 25, 2000. Cf. également Linarès (V.), *Supplique pour un peuple oublié*, in Messages, n° 530, novembre 1999, p. 8 , CICR, *République du Congo, Rapport d'activité, 1ᵉʳ juillet 1999 et 31 août 2000*. De même, voir Thieren (M), *Emergency and Humanitarian Action (EHA) Congo Update*, January 20, 1999.

Implication des troupes étrangères

Les différents belligérants ont recherché le soutien de forces étrangères au cours des guerres civiles de 1997 et 1998-99.

Les Cobras ont recruté des combattants rwandais. Ces éléments issus des anciennes forces armées du Rwanda (ex-FAR) avaient fui l'ex-Zaïre, où ils s'étaient réfugiés, en direction du nord-ouest du Congo. Ces personnes, membres des ex-FAR et de la milice rwandaise « Interahamwe », avaient participé en 1994 au génocide au Rwanda. Les Cobras ont également recruté les soldats de l'ex Division spéciale présidentielle (DSP), la garde prétorienne de Mobutu, président du Zaïre. Le Tchad et surtout l'Angola ont officiellement envoyé des soldats et de l'armement pour appuyer les miliciens de Sassou-Nguesso dans la guerre. Selon la Central Intelligence Agency (CIA), citée par l'agence de presse du Vatican (FIDES), 300 mercenaires cubains seraient également arrivés au Congo pour se battre aux côtés des Cobras[47]. On estime à 10 000 hommes le nombre de mercenaires et conseillers militaires étrangers qui servaient au Congo en 1999.

Des soldats de l'UNITA (opposition armée angolaise) sont également intervenus durant le conflit de 1997 aux côtés de P. Lissouba. Des pilotes serbes et ukrainiens recrutés par le gouvernement du Zaïre sont passés au Congo en 1997 après la chute de Mobutu. Ils ont servi comme pilotes d'hélicoptère de combat dans l'armée gouvernementale sous Pascal Lissouba.

Au cours de cette période, les femmes ont vu leur situation économique et sociale, déjà peu enviable, empirer.

C. La condition de la femme au tournant des années 1980

La femme a toujours fait l'objet d'une préoccupation de tous les gouvernements congolais depuis l'indépendance comme en témoignent les textes organisant les domaines économique, politique et social et l'adhésion du Congo aux conventions sur l'élimination des discriminations à l'égard des femmes. Dans les faits, la femme congolaise connaît de nombreuses discriminations qui la maintiennent dans une situation d'infériorité.

---

[47] Fides, *Dossier Congo Brazzaville*, FIDES n°404, 29 janvier 1999, NF 47, p. 63.

1. Les droits de la femme

A tire d'exemple, la loi 021/89 du 14 novembre 1989 portant statut général de la fonction publique consacre cette égalité, à l'exception toutefois de l'article 129 fixant les dispositions de congé de maternité. De même, la loi 45/75 portant code du travail consacre, dans son article 30, la non-discrimination dans le salaire entre homme et femme, à conditions égales de travail, de qualification professionnelle et de rendement. On retrouve également cet esprit dans l'ordonnance n° 12-73 du 18 mai 1973 instituant la Trilogie déterminante.[48] Enfin en matière civile, la loi 073/84 du 17 octobre 1984 portant code de la famille congolaise affirme également le principe de l'égalité des droits dans tous les domaines de la vie privée, politique et sociale. Au terme de l'article 308 dudit code, les coutumes cessent d'avoir force de loi. La capacité juridique de la femme est reconnue et son consentement est exigé pour le mariage. Mais, l'article 168 atténue cette disposition. Le mari demeure le chef de famille ; l'épouse ne le remplace qu'en cas d'indisponibilité ou d'incapacité de celui-ci.

De même la Constitution du 15 mars 1992 a consacré l'égalité des droits entre l'homme et la femme. Au terme de l'article 11 de cette constitution « L'Etat assure l'égalité de tous les citoyens devant la loi, sans discrimination d'origine, de situation sociale et matérielle, d'appartenance raciale, ethnique et régionale, de sexe, d'instruction, de langue, d'attitude vis-à-vis de la religion et de la philosophie, du lieu de résidence. [...]. L'Etat a le devoir de veiller à l'élimination de toute forme de discrimination à l'égard de la femme et d'assurer la protection de ses droits dans tous les domaines de la vie privée et publique tels que stipulés dans les Déclarations et Conventions internationales ratifiées par le Congo. ». En effet, la femme a les mêmes droits que l'homme dans les domaines de la vie privée, politique et sociale. Pour un travail

---

[48] La Trilogie déterminante est née du principe selon lequel le parti unique dirige l'Etat. Le système a consisté à associer le Parti, le syndicat et les responsables administratifs à la gestion de l'entreprise et à la prise de décision importante concernant la marche de l'entreprise. D'où la co-détermination, la co-décision, la co-responsabilité ou système des «trois co». Sur la question, voir notamment J.M. Breton, *Droit public congolais*, Paris, Economica, 1987.

égal, la femme a droit au même salaire que l'homme. Elle jouit du même droit en matière d'assurance sociale.

2. Les discriminations

En plus des contradictions existant entre les textes de droit, des décalages importants sont observés entre les dispositions juridiques et la pratique quotidienne. Les femmes congolaises sont victimes de brimades et de discriminations qui les confinent dans des tâches subalternes ou dans des activités dites peu valorisantes.

<u>Les discriminations légales</u>

Concernant la capacité juridique, on constate que les femmes sont victimes de discriminations légales. Par exemple, le Code général des impôts consacre l'incapacité fiscale de la femme mariée. Il stipule dans son article 4 que le chef de famille est imposable pour ses propres revenus ainsi que ceux de sa femme. La femme mariée n'est imposée séparément que lorsqu'elle a des revenus salariaux ; dans ce cas, elle est considérée comme mariée sans enfants. De même en matière d'adultère, le Code pénal sanctionne différemment l'homme et la femme. La femme mariée est convaincue d'adultère pour toutes relations extra-conjugales, tandis que selon l'article 336, l'homme marié n'est adultérin que s'il entretien une concubine dans le domicile conjugal.

De même, le Code de la famille stipule qu'en cas de décès de l'époux, 30 % de son patrimoine va sa femme. Dans la pratique elle perd souvent tous ses droits à l'héritage. Par ailleurs, la femme et les enfants sont également chassés de leur maison par la famille du défunt.

<u>La marginalisation de la femme dans les instances de décision</u>

Sur le plan politique, la représentation de la femme dans les instances de décisions a toujours été négligeable. C'est en 1963 que les femmes ont siégé à l'Assemblée nationale pour la première fois. Mais le nombre des *représentantes du peuple* a toujours été loin de correspondre à l'importance numérique de la femme dans la société : 6 % de parlementaires en moyenne sur l'ensemble des législatures depuis 40 ans. Aucune femme n'a été membre du Bureau Politique (instance suprême du parti unique) sous le régime marxiste (1963-1990).

L'inégal accès à la connaissance

En 1990, le Congo affiche des taux de scolarisation parmi les plus élevés d'Afrique. Selon l'UNICEF, le taux de scolarisation est de 101,1 % dans le primaire, 71,6% dans le secondaire premier degré, 20,7 % dans le secondaire deuxième degré et 5,9 % l'enseignement supérieur. L'enseignement étant obligatoire jusqu'à 16 ans, l'accession à l'éducation est égale pour les deux sexes. On observe ainsi une parité filles-garçons au préscolaire. Les divergences apparaissent dans les classes supérieures de l'école primaire ; elles s'accentuent au fur et à mesure que le niveau de scolarisation s'élève. Mais c'est au secondaire que les inégalités deviennent évidentes. En raison de la déperdition, les filles ne représentent plus que 45 % des effectifs au secondaire 1er degré et 30 % au secondaire 2ème degré.

A cette situation s'ajoutent les conséquences de l'inégalité dans l'orientation scolaire et professionnelle. Les filles ont tendance à s'orienter vers les séries littéraires dans l'enseignement général et les filières administratives dans l'enseignement technique (Tableau 3). En 1990, la situation se présente comme suit. Les séries scientifiques de l'enseignement général ne comptent que 21 % de filles. Dans l'enseignement technique et professionnel, les filles représentent 54 % des effectifs. Mais leur prédominance s'explique par une sur-représentation dans les filières administratives. En effet, en Commerce, Secrétariat et Comptabilité, les filles représentent 75 % des effectifs dans le premier degré et 53 % dans le second degré. Par ailleurs, la filière Economie sociale et familiale (puériculture, préscolaire, arts ménagers, etc.) est exclusivement féminine. Par contre, les filles sont moins nombreuses dans les filières industrielles. Elles constituent 23,5 % des élèves dans le 1er degré et 12 % dans le second degré. Dans la filière agricole, les filles représentent la moitié des effectifs scolaires dans le secondaire 1er degré et 37 % dans le deuxième degré. La faible représentation de la population scolaire féminine reflète la tendance des filles à éviter les filières à haut caractère technique d'une part et, d'autre part l'envahissement des filières moins dégradantes par les hommes. Car à ce niveau, l'agriculture conduit à des options motorisées ou mécanisées et s'éloigne de plus en plus de l'agriculture traditionnelle où la présence féminine est écrasante.

Tableau 3. Répartition des effectifs par sexe selon le niveau, le type et l'établissement d'enseignement en 1990
(en pourcentage)

	FILLE	GARÇON	TOTAL
NIVEAU D'ENSEIGNEMENT			
SECONDAIRE 1er DEGRÉ			
Enseignement général	44,44	55,56	100
Enseignement technique	68	32	100
Total	*45,21*	*54,79*	*100*
SECONDAIRE 2ème DEGRÉ			
Enseignement général	26,06	73,94	100
Enseignement technique	43,01	56,99	100
Total	*29,61*	*70,39*	*100*
TYPE ET ETABLISSEMENT D'ENSEIGNEMENT			
LYCÉES D'ENSEIGNEMENT GÉNÉRAL			
Séries littéraires	33,73	66,27	100
Séries scientifiques	21,08	78,92	100
Total	*26,06*	*74,96*	*100*
COLLEGES TECHNIQUES			
Industrie	23,46	76,54	100
Agriculture	50,16	59,84	100
Commerce	74,82	25,18	100
Arts ménagers	100	0,0	100
Total	*68,01*	*31,99*	*100*
LYCÉES TECHNIQUES			
Industrie	11,74	88,26	100
Agriculture	37,16	62,83	100
Commerce	53,19	46,81	100
Total	*43,01*	*56,99*	*100*
TOTAL ENSEIGNEMENT TECHNIQUE			
Industrie	16,80	83,20	100
Agriculture	40,04	59,96	100
Commerce	62,47	37,53	100
Arts ménagers	100	-	100
Total	*53,99*	*46,01*	*100*

Source: Tableau construit à partir de Mianzenza (S.) et Massamba (H.), *Déterminants psychosociologiques de l'orientation scolaire et professionnelle des filles au Congo*, Brazzaville, Projet de recherche, Laboratoire des Sciences Sociales, DGRST/ORSTOM, 1992.

Les disparités se poursuivent en s'accentuant au niveau de l'enseignement supérieur. Par exemple en 1989, l'université de Brazzaville ne comptait que 1 559 filles sur 10 310 étudiants, ce qui correspond à 15 % des inscrits.

Les filles sont moins de 40 % à sortir du collège avec un diplôme. Cette proportion tombe à moins de 20 % pour le baccalauréat. Sur les 6 % des filles entrant au primaire parvenant à l'université, 10 % seulement sortent avec un diplôme.

La femme congolaise participe ainsi de façon inégale à l'acquisition des connaissances. Elle continue d'être considérée avec un statut inférieur à celui de l'homme. Malgré l'expansion des nouvelles valeurs culturelles, les hommes admettent difficilement la nécessité pour la femme de faire des longues études. Bien plus, ils la destinent à des métiers spécifiques, lui en refusant d'autres dont « elle n'aurait pas les aptitudes ». La femme est perçue uniquement en raison de son sexe et de ses fonctions et rôles socio-familiaux traditionnels.

Au début des années 1990, les femmes cumulent tous les handicaps. Ces derniers les fragilisent, les précarisent et les rendent vulnérables au moindre changement défavorable de leur situation.

1. Selon les statistiques du Ministère de finances, les femmes employées de l'Etat ne représentaient que 35 % des effectifs de la Fonction Publique au tournant des années 1980. De même, d'après le fichier de la Direction générale des impôts, les femmes occupaient 15 % de l'ensemble des emplois salariés du secteur moderne.
2. Les femmes participent très peu aux sphères de décisions. Même quand leurs compétences ne faisaient aucun doute, rares sont les femmes qui ont accédé à des responsabilités importantes. Quand elles y parvenaient, elles étaient souvent obligées de « *croiser le fer* » avec les hommes pour s'imposer, se faire reconnaître et respecter.
3. La femme congolaise est donc souvent en position subalterne. On la cantonne dans les activités peu valorisantes comme l'agriculture et le secteur informel.

Tableau 4 : Indicateurs de genre

	1980	1985	1990	1999
POPULATION				
Population totale (en million)	1,7	1,9	2,2	2,9
Population féminine (en % du total)	51,2	51,2	51,2	51,1
(dont femmes de + 65 ans (en % du total)	*(2)*	*(2)*	*(1,9)*	*(1,7)*
STRUCTURE DE LA POPULATION ACTIVE				
Population active féminine(en % du total)	42	43	43	43
Population active par secteur (en % de la population active du sexe)				
Agriculture				
Hommes	42	-	33	-
Femmes	81	69	-	
Industrie				
Hommes	20	-	23	-
Femmes	2	-	4	-
Service				
Hommes	38	-	24	
Femmes	17	-	27	
ESPERANCE DE VIE A LA NAISSANCE (en années)				
Hommes	47	48	47	46
Femmes	53	53	52	50
TAUX D'ANALPHABETISME DES ADULTES				
Hommes (en % des hommes de 15 ans et +)	37	29	23	13
Femmes (en % des femmes de 15 ans et +)	62	52	42	27
TAUX D'ANALPHABETISME DES JEUNES ADULTES				
Hommes (en % des hommes de 15-24 ans)	12	8	5	2
Femmes (en % des femmes de 15-24 ans)	27	17	10	4
TAUX DE FECONDITE	6,3	6,3	6,3	5,9
TAUX DE MORTALITE BRUT DES ADULTES				
Hommes (décès pour 1 000 hommes adultes)	408	-	370	487
Femmes (décès pour 1 000 femmes adultes)	298		278	414
Mortalité maternelle (pour 100000 naissances vivantes)			822	

Sources : World Bank, Genderstats, Congo HNP at glance, Devdata, HNPstats.

4. La ventilation du PIB par sexe montre que, sur la période 1980-90, le niveau de revenu des femmes est en moyenne inférieur de 45 à 50 % à celui des hommes.
5. L'analphabétisme des femmes adultes (population âgée de 15 à 65 ans) reste élevé : de 50 % environ en 1990-94.
6. Le taux de mortalité maternelle est en croissance depuis la fin des années 1980. Il atteint 900 décès pour 100 000 naissances (Tableau 4)

Analphabétisme, maternité précoce et répétée, faible pouvoir économique, marginalisation dans les instances de décision, etc., retentissent ainsi gravement sur la situation socio-économique de la femme. La montée de l'extrême pauvreté (situation qui touche surtout la femme) explique le développement de la prostitution et, en partie, la propagation vertigineuse des infections sexuellement transmissibles. Dès lors se sont mises en place les conditions de reproduction des inégalités à l'égard de la femme congolaise dans les domaines de la vie privée, politique et sociale.

D. Le bilan

Le Congo a connu des progrès notables au cours des deux premières décennies de l'indépendance notamment en matière de scolarisation des jeunes, de lutte contre l'analphabétisme des adultes, d'espérance de vie à la naissance, etc. La crise économique des années 80 a révélé au grand jour les limites du modèle congolais de développement et la faible capacité de gestion de l'Etat. Les guerres civiles de la décennie 90 n'ont été que l'aboutissement d'un processus qui trouve ses racines dans ce modèle lui-même.

Brazzaville et les régions méridionales, principaux théâtres des conflits, ont supporté l'essentiel du coût des guerres. Les destructions matérielles et les pillages ont été considérables. Ils ont touché les administrations, les habitations, les infrastructures et l'appareil productif. Les dégâts provisoires sont estimés à environ 55 % du PIB de l'année 2000[49] évalué à 2,7 milliards de dollars

---

[49] Nations Unies, *Observations finales du Comité des droits économiques, sociaux et culturels Congo*, Genève, Comité des Droits économiques, sociaux et culturels, Examens des rapports présentés par les Etats parties conformément aux articles 16 et 17 du pacte, Rapport E/C.12/1/Add.15, 23 mai 2000, paragraphe 9.

courants des Etats-Unis[50]. La violence a été systématique, gratuite et absurde car elle a eu pour objet de traumatiser à l'extrême les populations. Là où il n'y a pas eu de viols, d'exécutions massives et de disparitions en grand nombre, on a enregistré des détentions arbitraires, des actes de torture, des menaces d'exécution, des pillages, des destructions de biens, des exécutions sommaires et extrajudiciaires, etc.

Au plan humain, le bilan sera difficile à établir. En effet, aux pertes directes, il faudrait ajouter les personnes qui sont mortes au cours de leur fuite par manque d'assistance sur les bords des routes, dans les forêts ou dans les pays voisins. Cependant, des sources concordantes pensent que les violences politiques ont fait entre 40 000 et 60 000 morts (soit 2 % environ de la population totale du pays) dont la moitié au moins pour le conflit de 1998-99. Des centaines de milliers de personnes sur une population de 2,7 millions d'habitants se sont trouvées déplacées dont 800 000 en 1998-99. Le nombre de congolais qui ont fui à l'étranger (Congo-Kinshasa, Gabon, Cameroun, Côte d'Ivoire, Afrique du Sud, France, Canada, etc.) s'élève à 100 000 environ[51].

La crise économique et les politiques d'ajustement structurel qui l'accompagnent, les violences politiques ensuite ont fait s'effondrer le système sanitaire et éducatif. La dégradation de l'environnement notamment en milieu urbain, le délabrement des infrastructures de base et les difficultés d'accès aux services sanitaires expliquent la résurgence de nombreuses maladies que les progrès économique et social de la période 1960-85 avaient pourtant réussies à contenir, voire à faire reculer (par exemple la tuberculose). La diarrhée, le choléra, la rougeole et d'autres maladies transmissibles ont augmenté la mortalité des enfants de moins de 5 ans. La montée des infections sexuellement transmissibles favorisée par la forte urbanisation, la promiscuité sexuelle et les viols massifs des filles et des femmes au cours de la guerre civile laissent présager une situation sanitaire dramatique dans les années à venir.

---

[50] World Bank, Congo Data profile, World Development Indicators, July 2001.
[51] US Department of State, Country Reports on Human Rights Practices, Washington DC, February 25, 2000. Cf. également Linarès (V.), *Supplique pour un peuple oublié*, in Messages, n° 530, novembre 1999, p. 8.

Selon les Nations Unies, « le taux de décès attribuables au SIDA est passé de 14 % en 1991 à 21,5 % en 1996 à Brazzaville. De même, 35 % des lits d'hôpitaux dans les centres urbains étaient occupés par des malades du SIDA en août 2001. Une étude sur un petit échantillon à Brazzaville montre que 30,2 % de femmes adultes vivaient avec le SIDA contre 21 % pour les hommes. L'épidémie a progressé en 1999 en raison des viols systématiques. Au minimum 55 % des personnes infectées en 1999 étaient des femmes. On estime également que « 22 % des femmes violées ont été infectées d'une maladie sexuellement transmissible (dont le VIH/SIDA), 12,8 % ont subi des blessures physiques et 22 % souffrent de troubles psychologiques »[52]. Le taux d'infection des adultes par le VIH/SIDA est de 8 % en 1999.

La destruction de 1 100 établissements scolaires environ, le déplacement des populations et la fuite à l'étranger de nombreux enseignants ont fait reculer les taux de scolarisation (Tableau 5). Selon le PNUD, environ 247 500 enfants en âge de fréquenter l'école primaire ne sont pas scolarisés en 2000.

Tableau 5 · Salles de classe, enseignants et taux brut de scolarisation de 1990 à 1998

Année	Salles de classe		Enseignants		Taux brut de scolarisation (TBS)		
	Préscolaire	Primaire	Préscolaire	Primaire	Population scolarisée (a)	Population scolarisable (b)	TBS (a)/(b)
1990	185	6 349	589	7 639	492 143	390 229	126,1
1994	196	6 262	505	6 614	498 961	457 560	109,0
1998	153	5 862	392	6 688	427 735	545 106	78,5

Source : Ministère de l'enseignement, Direction des études et de la planification, 1999.

La désintégration des familles a fait exploser le nombre d'enfants des rues. La criminalité, la prostitution, la drogue, la détérioration de la situation des enfants en général sont les symptômes de l'effondrement de la société congolaise. Ce sont les femmes qui supporteront encore une fois les conséquences de cette

---

[52] Nations Unies, *Plan ONU 2002*, Brazzaville, PNUD, 2002, p. 27.

désintégration car elles sont les principales responsables du ménage.[53] Le nombre de familles congolaises dont le chef est une femme atteint 25-30 % des ménages en 2000 contre moins de 15 % en 1980. La marginalisation économique et sociale prive les enfants congolais de leur enfance. On estime à 70 % la population qui vit en dessous du seuil de pauvreté économique (moins d'un dollar/jour/personne) en 2000 contre 30 % au début des années 80. Par ailleurs, les hostilités ont provoqué une désorganisation des activités de production. La moitié au moins de l'outillage agricole a été détruite, 75 % du cheptel a été décimé et 80 % des arbres fruitiers abattus dans la quasi-totalité des villages dans la Bouenza, la Lékoumou, le Niari et le Pool. Ce qui a débouché sur des problèmes de sécurité alimentaire et nutritionnelle d'une gravité sans précédent. Les disponibilités énergétiques alimentaires (DEA) des années 1990 sont inférieures à celles des premières années de l'indépendance : 2 133 kcal/jour/personne en 1994-97 contre 2 181 kcal en 1961-64 (Tableau 6). La population touchée par la sous-alimentation a doublé en moins de 15 ans : 950 000 personnes en 1994-97 contre 470 000 en 1979-81. La situation s'est aggravée avec l'afflux des populations rurales à Brazzaville et Pointe Noire. Il s'ensuit une généralisation de la misère et un recul très sévère des principaux indicateurs de développement humain.

En 2000, le Congo est classé 222ème sur 225 pays et territoires selon le revenu par habitant en dollars courants des Etats-Unis d'Amérique indexé sur le pouvoir d'achat (PPA) de chaque pays[54]. Le Congo (590 dollars) ne devance que le Burundi (580 dollars), la Tanzanie (530 dollars) et la Sierra Leone (460 dollars). Tous les indicateurs composites du développement humain régressent. Selon le PNUD, l'indice du développement humain (IDH) de 1999 (0,502) est ainsi inférieur à celui de 1985 (0,510), ce qui situe le Congo au 126ème rang sur 163 pays[55] classés.

---

[53] Elson (D.), « Male Bias in Macro-Economics : the case of Structural Adjustment », in D. Elson (ed.), Male Bias in the Development Process, Manchester University Press, 1991.
[54] Banque Mondiale, *The World Development Indicators 2001* ; également « La vraie échelle des inégalités », in Jeune Afrique l'Intelligent, n° 2128-2129 du 23 octobre au 5 novembre 2001, pp. 68-71.
[55] PNUD, *Rapport mondial sur le développement humain*, De Boeck Université, 2001, p. 147.

Tableau 6 - Evolution des disponibilités alimentaires

	1961	1970	1984	1990	1994	1997
Disponibilités alimentaires journalières (en kcal/personne/jour)						
Total	2 162,3	2 030,1	2 360,2	2 159,8	2 133,1	2 143,5
Produits végétaux	2 045,6	1 918,4	2 181,0	2 019,4	1 974,0	1 999,5
Produits animaux	116,8	111,7	179,2	140,5	159,2	159,2
Protéines/personnes/jour (en gramme)						
Total	36,0	35,2	49,5	45,3	44,2	43,1
Produits végétaux	21,1	21,9	28,2	27,8	25,4	26,8
Produits animaux	14,9	13,3	21,3	17,5	18,4	16,3
Lipides/personnes/jour (en gramme)						
Total	34,5	43,4	59,2	46,2	55,8	49,7
Produits végétaux	29,1	37,7	50,7	39,2	47,8	42,2
Produits animaux	5,4	5,7	8,5	7,1	8,0	7,5

Sources FAOSTAT, Database, Food Balance Sheet, également Mianzenza (S.), « Crise alimentaire et état nutritionnel et sanitaire », in Congo 2000. Etat des lieux, Paris, L'Harmattan, pp. 129-153.

La crise économique et les guerres civiles ont précipité le déclin du Congo, annihilé des décennies de progrès social, provoqué l'affaiblissement de la cohésion interne du pays. Elles ont aussi causé des blessures psychologiques profondes et durables.

Cependant, il convient de se fonder sur des situations précises pour donner une appréciation globale aux traumatismes subis par la population. Rien ne sert de chercher un traumatisme tant qu'il n'a pas été repéré par la victime et son groupe d'appartenance et ses potentielles solidarités. C'est donc à cette étude clinique que le chapitre qui suit est consacré.

Deuxième Partie

ETUDE CLINIQUE ET THERAPEUTIQUE

Chapitre III

PRESENTATION DES CAS

Les cas présentés dans cette étude ne concernent que des viols perpétrés au cours de la première guerre civile (1993-94). Ce sont des témoignages des victimes recueillies dans un Centre hospitalier[59] dans le cadre d'une étude sur l'interruption volontaire de grossesse (IVG) conduite au Centre ORSTOM/DGRST de Brazzaville[60].

A. La population ciblée par les assaillants

Les différents témoignages signalent que les viols et autres actes de violence sexuelle se sont déroulés partout : au domicile des victimes, devant la famille rassemblée et terrorisée, sur les routes, aux barrages filtrants. Des membres de la famille ont été obligés de violer leurs parents en public sous menace de mort. On a signalé également des viols dans des centres d'hébergement, dans les églises et dans des hôpitaux. Des indices (vêtements, véhicules, conversations entre les agresseurs dans leur langue maternelle, menaces proférées, port d'armes automatiques) permettent d'affirmer que les agresseurs étaient généralement apparentés aux différentes milices.

---

[59] Pour conserver l'anonymat du personnel soignant et des victimes qui s'y sont présentées, le nom du centre n'est pas cité.
[60] Mianzenza (S.), *Le phénomène de l'avortement à Brazzaville*, Brazzaville, ORSTOM, Direction Générale de la recherche scientifique et technique, Première partie 1990, Deuxième partie, 1994.

De nombreuses violences ont été commises à l'invitation explicite des leaders politiques. Par exemple en 1999, le responsable du Programme Médecins Sans Frontières au Centre hospitalier de Makélékélé a pu ainsi s'entendre dire : « Il faut que les militaires laissent vivre leurs hormones »[61].

Les agresseurs ont choisi leurs victimes en fonction de leur appartenance ethnique ou de leur région d'origine. C'est le reflet d'un phénomène manifeste dans la classe politique congolaise qui utilise l'ethnie, la région comme d'authentiques marchepieds destinés à les élever au sommet de l'Etat. La région natale et l'ethnie sont considérées comme le centre du monde. En conséquence, ceux qui n'appartiennent pas à ces cercles sociologiques ne peuvent prétendre au pouvoir. Dans ce contexte, la suspicion est de mise. L'autre est toujours perçu comme une menace, un danger potentiel[62].

C'est donc en tant que tel que les victimes des violences sexuelles ont été abusées. En s'acharnant sur les femmes, les agresseurs ont cherché à détruire les familles et les individus parce qu'ils appartiennent à un groupe ethnique qu'il fallait absolument déstructurer. Le viol vise la femme dans sa relation avec la société et détruit le lien familial.

Les viols ont été opérés de manière à provoquer un traumatisme tel que la victime soit désespérément condamnée au silence, à « mourir de tristesse ». On peut signaler que les tortionnaires se sont aussi appliqués à frapper leurs victimes soit au bas du dos et sur les testicules (dans le cas des hommes), soit au bas-ventre (dans le cas des femmes) afin de s'attaquer à leurs fonctions reproductrices.

---

[61] Salignon (P.), « Congo Brazzaville récit de fuite », in L'Autre, n°1, pp. 145-155.
[62] Dadoun (R.), *La violence Essai sur l' « homo violens »*, Paris, Hatier, 1993. Egalement Etsio (E.), « Structures ethniques et pouvoir, atouts et limites d'un mariage à trois : Mbochi, Téké et Kongo », in Congo 2000. Etat des lieux, Paris, L'Harmattan, 2001, pp. 53-79.

B. Quelques cas cliniques

Cinq cas sont présentés ici. Ils ont été retenus parce qu'ils sont représentatifs des formes de violence commises contre les femmes et leur famille pendant cette période.

Cas n° 1

C'est une fille de 18 ans. Elle habite Brazzaville. Elle s'est présentée au centre hospitalier accompagnée de sa mère. La mère explique que sa fille a mal au ventre, elle n'a plus d'appétit et se roule parfois par terre en proie à une véritable crise d'hystérie. Elle pleure souvent. Quand elle est calme, elle passe tout son temps à la douche. Elle se trouve toujours sale.

Après quelques questions, la mère dit que sa fille a été violée avec d'autres jeunes filles par des miliciens en sa présence et devant son fils et plusieurs dizaines de personnes à la « *Frontière* », un barrage filtrant situé à la sortie de M'Filou (7ème arrondissement) par l'aéroport de Brazzaville. Son mari qui tentait de s'interposer a été abattu sous leurs yeux. Depuis ce jour, tout a basculé. Sa fille s'est réfugiée dans un mutisme quasi total. Elle demande qu'on lui enlève ce qu'elle a dans le ventre. Elle se sent responsable de la mort de son père, sursaute aux moindres bruits et souffre aussi de maux de tête. Elle évite tout le monde.

Les examens gynécologiques effectués par une sage-femme ne révèlent aucun signe de grossesse.

Cas n°2

Elle a 22 ans. Elle a été séquestrée et violée pendant une semaine par des militaires à la « *Base* » un quartier situé dans le 7ème arrondissement de Brazzaville près du Camp du Groupement aéroporté (parachutiste). Son père ne veut plus la voir. Sa mère et sa tante sont à ses côtés. Elle a un comportement très agressif envers ces dernières : elle leur reproche de ne pas l'avoir suffisamment défendue quand les militaires lui ont demandé de les suivre. Sa sœur jumelle a disparu.

Depuis, elle s'enferme dans des tourments intérieurs très intenses. Sa mère tente de la consoler et de l'arracher à ce cauchemar. Elle en veut à tout le monde et ne cesse de répéter : « *Pourquoi moi ? Qu'ai-je fait ?.* »

L'examen gynécologique révèle une grossesse.

Cas n° 3

C'est une jeune fille de 15 ans. Elle est née dans la Bouenza. Ses parents ont émigré dans la région avant l'indépendance. La famille vivait encore dans la région quand les troubles ont éclaté en mars 1993.

Elle a l'air timide et garde les yeux baissés. Elle parle d'une voix à peine audible en cherchant ses mots. Elle accepte de parler de ses problèmes. Elle dit qu'elle a mal au cœur. Elle a souvent des angoisses et des crises de panique. Ces accès sont fréquents, parfois déclenchés par un bruit brusque comme une porte qui claque. Elle a aussi des insomnies. Elle a peur qu'on la traite de folle, qu'on se moque d'elle. Elle recherche la solitude. Elle dit qu'elle a eu beaucoup de malheurs et ne veut rien dire de peur qu'on le répète à tout le monde.

Ses parents ont été massacrés dans la Bouenza. Elle dit avoir assisté à des choses affreuses qu'elle ne peut pas décrire. Ensuite, elle s'est enfuie dans la forêt avec des voisins. En tentant de regagner Brazzaville, ils ont été arrêtés par des miliciens. Son amie a été violée. Elle a pu leur échapper. Malheureusement des militaires ont rattrapé le groupe deux jours plus tard. C'est là qu'elle a été violée par une dizaine d'hommes armés.

Elle préfère mourir car elle ne voit pas de solution, ni d'avenir pour elle. Elle n'a personne à qui elle peut se confier et qui peut l'aider. Elle se sent coupable d'avoir fui en laissant massacrer sa famille, ce qui l'empêche de dormir.

L'examen médical atteste qu'elle est enceinte. En outre elle a une sérologie qui présente les caractéristiques d'une blennorragie.

Cas n° 4

Il s'agit d'une famille comprenant une dame de 76 ans, sa fille de 42 ans et ses trois petites-filles âgées de 25, 19 et 14 ans. A la tombée de la nuit, des miliciens ont fait irruption dans la maison d'un officier de l'armée régulière. Ayant constaté l'absence du militaire, ils ont froidement abattu tous les hommes trouvés sur place (cinq personnes dont deux enfants de moins de trois ans). Ils se sont ensuite acharnés sur les femmes qu'ils ont violées à tour de rôle. Le groupe a quitté les lieux aux premières heures du matin après avoir pillé et mis le feu à la maison.

La famille est amenée au Centre hospitalier par des voisins qui les ont recueillies et caché pendant deux semaines. A la vue des militaires à l'hôpital, la famille, terrorisée, a voulu repartir.

Les visites médicales montrent que les cinq femmes présentent de graves lésions gynécologiques. Quatre des cinq femmes et jeunes filles souffrent de dépression grave.

Cas n° 5

Il s'agit d'une femme de 30 ans, commerçante au marché Total de Bacongo. Peu après 20 heures, plusieurs hommes armés défoncent le portail de la concession familiale. Ils somment les occupants de la maison d'ouvrir la porte. Le mari refuse d'ouvrir. Les miliciens tirent en l'air. Ils essaient de pénétrer par les fenêtres mais finissent par défoncer la porte. En entrant dans la maison, ils affirment avoir reçu l'ordre de les tuer. Ils ligotent le mari et la femme. Ils violent cette dernière devant l'époux et les enfants. Pendant le viol, ils pointent un pistolet-mitrailleur sur le fils de 10 ans qui veut s'interposer. Les agresseurs pillent la villa et amènent tout leur butin dans la voiture du couple. Le matin, les voisins sont venus à la rescousse.

La femme présente de graves lésions gynécologiques. « Le médecin lui a dit que sa matrice avait trop travaillé ». Elle a déjà été opérée à Kinshasa au Congo-ex Zaïre, grâce à des réseaux de l'Eglise kimbanguiste. Elle est venue au Centre hospitalier parce qu'elle a toujours des douleurs atroces au bas ventre malgré son opération. Elle souffre de dépression grave et pense de plus en plus au suicide. Elle se fait beaucoup de souci pour ses enfants qui sont devenus très violents.

C. Interprétation et symptomatologie

Les violences sexuelles rapportées ci-dessus recoupent les dizaines de cas recensés par les organisations religieuses et humanitaires. La plupart du temps, elles ont été commises en présence des membres de la famille (Cas 1, 2, 4 et 5). Les viols étaient souvent collectifs (Cas 1 à 4). On signale des situations où les enfants ont été contraints de violer leurs parents (la mère, la sœur, la tante, la grand-mère) et les pères de violer leurs filles. Dans la culture bantou, quand une femme veut maudire ses enfants, ses neveux ou ses petits-enfants, elle commence par enlever ses vêtements avant d'entamer le rituel de la malédiction (*ndoko*). Voir un parent de sexe opposé nu est donc signe d'infamie.

Comme il a été signalé ci-dessus, ces violences s'accompagnent de sévices extrêmes. Dans certaines régions, des bébés ont été arrachés à leurs mères et jetés dans le fleuve parce que, pour les assaillants, ces enfants devaient rester là où ils étaient nés. En outre, les familles immigrées depuis plusieurs générations dans les régions d'accueil ont vu les tombes de leurs défunts saccagées.

Pour la plupart des congolais, une telle cruauté dépasse la raison humaine. C'est l'œuvre du diable en personne sinon de ses représentants. C'est un « *kundu dia mwini, kundu dia vsi-à-vis* », c'est-à-dire *une sorcellerie qui est pratiquée au grand* jour par opposition au *kundu dia m'pimpa,* c'est-à-dire *la sorcellerie* utilisée pour *le viol mystique*.

Le viol mystique est un acte commis par un *ndoki* (sorcier) qui utilise ses pouvoirs surnaturels pour avoir des relations sexuelles avec une personne à son insu. Pendant que sa victime dort, le *ndoki* sort de son enveloppe charnelle pour aller s'approprier le corps de cette dernière et la *violer mystiquement*. La récurrence des agressions sexuelles nocturnes (cauchemar, rêve), des « *ndozi za bi mbala-mbala* », sont les signes qui permettent de penser qu'il s'agit de *viol mystique*. On dit alors que la victime est la femme ou le mari nocturne du *ndoki*.

Dans la tradition, la sorcellerie[63] vise, entre autres, par des jeux d'accusations, à niveler les inégalités dans les villages, à empêcher les meilleurs éléments, notamment les jeunes, d'émerger hors du contrôle social. Mais dans un contexte politique urbain, polyethnique, cosmopolite et de métissage, une forme nouvelle de sorcellerie, auxiliaire du politique et des riches apparaît. On soupçonne ceux qui ont réussi socialement et les hommes politiques d'acquérir un pouvoir énorme par sacrifice humain. Les gouvernants sont suspectés de connivence avec les forces occultes, les sociétés initiatiques, etc. La rumeur publique prétend qu'ils ont un besoin constant de sang humain pour conserver le pouvoir et se régénérer. D'où cette cruauté.

Les cas 1, 2, 3, et 5 rapportés ci-dessus montrent que les victimes n'arrivent pas seules à l'hôpital. Elles sont toujours accompagnées d'un ou plusieurs membres de sa famille (mère, sœur, tante, grand-mère, etc.) voire de leur entourage (voisine, amie, etc.). Ces référents assistent, accompagnent et orientent de manière plus directive la victime tout au long du parcours thérapeutique. Ils seront l'interface entre la victime et les thérapeutes.

Les tableaux cliniques des cas montrent également un ensemble de symptômes caractéristiques des événements traumatiques : syndrome de stress post-traumatique, troubles anxieux, troubles psychosomatiques, troubles de sommeil, trouble de l'alimentation, syndromes dépressifs, sentiment de souillure, de saleté, sentiment de honte, sentiment de culpabilité, phobies, obsessions, etc. Dans tous ces cas, l'origine traumatique ne fait guère de doute. Les réactions sont liées aussi à l'entourage familial et à ce qui lui est arrivé.

Quel sera le devenir de cette symptomatologie et comment l'entourage va pouvoir jouer un rôle et lequel ? C'est ce qu'il s'agit de préciser dans les paragraphes qui suivent.

---

[63] Selon Claude Rivière, « la sorcellerie est le pouvoir de nuire aux autres par une action spirituelle. Elle se distingue de l'envoûtement produit par un jeteur de sorts qui utilise des éléments matériels », Réactivation et réinterprétation de la magie, in Marges contemporaines de la religion, Religiologiques, n°18, automne 1998.

Chapitre IV

LES CONSEQUENCES DES VIOLENCES SEXUELLES

Les conséquences des violences sexuelles sont multiples et variées. Il n'a pas été observé de réaction type chez les victimes. Chaque individu a une personnalité, une énergie et des ressources morales différentes. D'autres facteurs importants entrent en ligne de compte tels que la relation de la victime et son bourreau, la gravité et la durée des sévices ou encore l'âge de la victime. Par ailleurs, les conséquences paraissent pouvoir êtres minimisées lorsque la prise en charge des victimes est précoce et qu'elles sont entourées de l'affection de leur famille. Néanmoins, le tableau clinique des victimes de viol pendant les guerres civiles au Congo montre que beaucoup de femmes souffrent de graves meurtrissures physiques et psychologiques.

A. Les conséquences chez l'adulte

Les victimes des viols et abus sexuels ont souvent des séquelles physiques multiples très graves.

1. Les conséquences physiques

Parmi ces séquelles on note : des dents arrachées, la paralysie, les amputations, les cicatrices hideuses, la surdité, la perte de la vue, etc. Les victimes portent également des séquelles gynécologiques nécessitant parfois de nombreuses et très pénibles interventions chirurgicales. Il faut en tenir compte pour apprécier les dommages psychiques.

En plus des blessures physiques qui accompagnent les sévices sexuels, le danger réel demeure les infections sexuellement transmissibles (IST) dont le syndrome d'immunodéficience acquise ou SIDA dû au virus de l'immunodéficience humaine (VIH).

Les infections sexuellement transmissibles (IST) et le sida

Les personnes victimes de viol sont exposées aux IST et en particulier à l'infection par un VIH. Aucun dépistage sérologique systématique du VIH n'a été pratiqué, les centres de santé n'étant pas équipés pour cet examen. Par ailleurs, le coût élevé des tests VIH ne permet pas aux victimes de se les procurer en pharmacie. Pour cette raison, il n'a pas été possible d'évaluer le taux d'infection des victimes de viol à partir des dossiers du Centre hospitalier de Makélékélé. L'infection à VIH et le SIDA sont courants au Congo ; les viols ont contribué certainement à leur propagation.

Le fait que les viols ont souvent été collectifs, commis sans préservatif, et le fait que les violeurs ont vraisemblablement violé de nombreuses femmes augmentent le risque de transmission. Des milliers de femmes violées ont contracté le VIH/SIDA sans s'en rendre compte. Le Programme des Nations Unies pour le Développement (PNUD) estime que 22 % des 60 000 femmes violées au cours des guerres civiles ont été contaminées. Selon l'ONUSIDA et l'OMS, le taux de prévalence du VIH/SIDA chez les adultes de 15-49 ans varie de 6 à 15 %[64]. Le nombre d'adultes de 15-49 ans vivant avec le VIH/SIDA est estimé à 82 000 dont 45 000 femmes. Le nombre d'enfants de 0-14 ans portant le virus est de 4 000. On recensait 86 000 séropositifs au Congo sur une population totale de 2,8 millions d'habitants en 1999 (Tableau 7). Selon l'ONUSIDA et l'OMS, 8 600 personnes sont mortes du sida en 1999. Une étude publiée à Brazzaville en janvier 2000 montre que 20 % des lits d'hôpitaux sont occupés par des militaires sidéens et que le sida est devenu la première cause de mortalité dans l'armée congolaise[65].

De nombreuses femmes violées ignorent donc leur sérologie faute de dépistage. Elles mourront certainement d'infections opportunistes et sans que personne ne le sache, mais après avoir transmis la maladie à des partenaires voire à leur descendance. Ceci montre que le viol est un crime qui menace non seulement l'équilibre de la victime mais aussi sa vie et celle de ses proches et ceci dans des délais difficiles à prévoir. C'est donc une grave menace pour la santé publique.

---

[64] UNAIDS and WHO, Congo. Epidemiological Fact Sheet on HIV/AIDS and Sexually Transmitted Infections, 2000 Update, New York, 2000.
[65] Mikangou (L), " HEALTH-CONGO : AIDS The Number One Cause Of Death In The Army ", IPS, 10 janvier 2000. Egalement UN Integrated Regional Networks : " Les Etats-Unis soutiennent les campagnes d'informations sur le VIH/Sida au sein de l'armée ", 4 avril 2002.

Tableau 7
VIH/SIDA. Résumé épidémiologique en 1999

Nombre personnes vivant avec le VIH. Nombre de décès dus au sida						Taux de prévalence du VIH chez les jeunes de 14-24ans, fin 1999. (en %)			
Adultes et enfants vivant avec le VIH		Décès chez les adultes de 15-49 ans		Décès chez les enfants de 0-14 ans		Femmes		Hommes	
Adultes	Enfants	(a)	(b)	(a)	(b)	(a)	(b)	(a)	(b)
82 000	4 000	5 000	9 000	870	2 600	5,49	7,43	2,12	4,23

(a) : Hypothèse basse ; (b) : Hypothèse forte
Source: UNAIDS and WHO, Congo. Epidemiological Fact Sheet on HIV/AIDS and Sexually Transmitted Infections, 2000 Update, New York, 2000.

Les grossesses non désirées

La grossesse, bien que n'étant pas mortelle reste, avec le VIH/SIDA l'un des problèmes majeurs des violences sexuelles. Les victimes des abus sexuels sont exposées à une grossesse qui n'a évidemment pas été désirée. Les conséquences sont nombreuses et dévastatrices pour la mère, aussi bien mentale que physique. Ces cas de grossesse impliquent aussi une autre victime : l'enfant qui risque d'être rejeté par sa mère et sa famille.

La grossesse présente plus de risque pour une adolescente que pour une femme adulte. L'enfant qu'elle porte court le risque de naître avant terme, de tomber plus souvent malade, de mourir en bas âge ou d'être abandonné. On constate également de nombreuses fausses couches et bien entendu des avortements.

Les conséquences physiques des violences sexuelles sont également accompagnées de blessures psychologiques. La femme qui contracte une grossesse à la suite d'un viol vit cette situation dans le déshonneur le plus total. Son corps a été possédé sans son consentement, souvent devant des parents. L'enfant à naître va réactiver ce traumatisme en dépit de l'amour qu'elle peut avoir pour ce dernier.

2. Les conséquences psychologiques

Les victimes de violences sexuelles présentent des troubles psychologiques tels que :

Le vaginisme

C'est une impossibilité incontrôlable de l'acte sexuel. Il se manifeste par des contractions spasmodiques des muscles de la paroi vaginale et des réactions émotives intenses qui empêchent toute pénétration malgré la volonté de s'y soumettre. Cette peur est presque toujours en relation avec un refus inconscient du coït, soit par crainte de la grossesse, soit par non-acceptation du partenaire, mais aussi du fait d'un souvenir traumatique lié à un viol ou à toute violence sexuelle. Ce vaginisme se combine parfois à de la frigidité : c'est une impossibilité pour la femme d'éprouver des sensations voluptueuses au cours de rapports sexuels.

La pseudo-stérilité

C'est une stérilité due à un dysfonctionnement du système hormonal pouvant avoir pour origine un abus sexuel. Tout se passe comme si la victime se plaçait en état de non-fécondité pour exprimer inconsciemment son dégoût pour l'acte sexuel et l'amour.

Les troubles de la sexualité sont souvent occultés car rares sont les victimes qui en parlent spontanément et même qui acceptent d'aborder le sujet en thérapie. Il n'en reste pas moins que ces femmes sont détruites moralement et vivent avec leur souffrance cachée.

Les phobies

On désigne sous cette expression un ensemble de peurs irraisonnées et obsédantes, relatives à certains objets ou à certaines situations. Elles peuvent remonter à un traumatisme lointain (viol, agression, attentat, etc.).

On note deux types de phobies liées aux sévices sexuels : l'agoraphobie ou la peur des endroits publics (marché, église, train, fil d'attente, etc.), et la claustrophobie ou la peur des endroits clos (chambre, bureau, salle d'attente, etc.). C'est donc la peur de se retrouver dans des endroits ou des situations dont il pourrait être difficile ou gênant de s'échapper ou dans lesquelles on pourrait ne pas trouver secours en cas d'attaque ou de panique. Cette crainte entraîne une restriction des déplacements ou un besoin d'être accompagné en dehors du domicile.

Le sentiment de culpabilité et les complexes

Les victimes vivent leur drame de façon profondément humiliante. La plupart des victimes sont perturbées par un sentiment de culpabilité, de honte et de colère qui devient parfois obsédant, entravant dangereusement leur équilibre et leur avenir.

Les inhibitions et obsessions

Les inhibitions sont un ensemble de blocages et de perturbations qui empêchent un individu d'agir. Les dommages liés aux violences sexuelles sont nombreux et particulièrement dévastateurs pour l'équilibre psychologique et les sujets victimes d'un abus sexuel vivent constamment avec des idées obsédantes, ce qui perturbe leur équilibre psychologique. Celles-ci s'imposent de façon persistante à la conscience d'un individu malgré sa volonté et en dépit du fait qu'il reconnaît lui-même que c'est anormal.

D'autres conséquences peuvent être citées : les hallucinations visuelles et auditives, l'angoisse, l'anxiété, la dépression, la mélancolie, les troubles psychosomatiques, etc.

La plupart des victimes traînent « leur charge » durant des mois, voire des années. Tous ces événements vécus constituent des charges affectivo-émotionnelles latentes pouvant dégénérer à tout moment si l'on n'aide pas la victime.

Le viol est un traumatisme qui provoque également des problèmes sociaux tels que le déménagement indispensable pour tenter de rompre avec le passé, l'abandon par le mari ou le fiancé, les troubles graves de l'adaptation sociale, les séquelles psychologiques nécessitant des traitements longs et aléatoires.

Ces conséquences peuvent paraître presque anodines comparées aux autres massacres et exécutions sommaires. Toutefois, elles sont extrêmement graves et affectent profondément les victimes qui risquent de les traîner tout au long de leur vie.

Le viol systématique peut être considéré comme une manière de tuer en laissant en vie[66]

B. Les conséquences chez l'enfant

Au cours des guerres civiles, des enfants et des adolescents ont été soumis à un traumatisme massif. Les Nations Unies estiment que 25 % des 60 000 personnes qui auraient été violées ont entre 12 et 15 ans[67]. Des témoignages concordants rapportent plusieurs centaines de cas de viol d'enfants de moins de 12 ans.

Ces enfants portent des blessures liées aux situations tragiques vécues lors des conflits ; ils présentent des signes de détresse. L'entourage familial demande parfois à l'enfant d'essayer d'oublier. Mais comment oublier qu'on a échappé à la mort, qu'on a été violé, qu'on a vu sa mère, sa sœur ou sa tante violée et ses parents et ses voisins se faire massacrer ? Comment ne pas avoir de cauchemars, ne pas éprouver des frayeurs au moindre bruit, ne pas sombrer dans un état dépressif ?

Certains enfants ne présentent pas de pathologie bien qu'exposés à des expériences similaires. Ils doivent lutter pour faire face à leurs souvenirs et sont en risque de manifestations ultérieures à l'occasion de facteurs déclencheurs divers.

Les enfants semblent percevoir et supporter la violence sexuelle différemment par rapport à l'adulte. Leur personnalité et la confiance envers l'adulte et à la société sont atteintes. Par ailleurs, ils présentent des symptômes de souffrance psychique : chagrin, état dépressif, excitabilité et agressivité, repli sur soi, effroi, rêves angoissants, troubles du sommeil, agressivité, sentiment d'un avenir sans espoir, d'impuissance, de trahison, de culpabilité et de honte. Ils ont alors une mauvaise estime d'eux, un esprit de revanche, un comportement suicidaire. Ils sont aussi désorientés

---

[66] C'est ce que cherchent intentionnellement les bourreaux. Le cas du Rwanda est très révélateur à ce sujet. Sur ce point, cf Sironi (F.), *Bourreaux et victimes. Psychologie de la torture*, Paris, Editions O. Jacob, 1999. Egalement Gordon (P.) et Crehan (K.), Mourir de tristesse : sexospécificité, violence sexuelle et épidémie du VIH, New York, ONUSIDA, 1998 ; P. Sellers au Séminaire sur la violence à l'encontre des femmes : des abus domestiques à l'esclavage, Compte-rendu du Thème III : Viol dans les conflits armés, Bari 4-6 novembre 1999.
[67] Nations Unies, Plan ONU 2002-2003, *Ensemble ... à partir de la base*, Brazzaville, PNUD, 2002. p. 18.

quant à leur sexualité. Ils sont également sujets à des troubles psychosomatiques.

Une fois que les circonstances du viol et que ses conséquences ont été le plus précisément cernées que possible, la question est alors de savoir comment, dans un environnement caractérisé par la décomposition des institutions publiques et la dégradation morale, la communauté a agi pour prendre en charge les victimes et soulager leur souffrance. Face à ces situations nouvelles, la communauté s'est tournée vers les solidarités familiales. Quel sens peut avoir ce qui se présente comme allant de soi, le soutien traditionnel des liens de parenté ?

Chapitre V

LES THERAPIES

Les victimes des guerres civiles au Congo ont vécu de multiples ruptures de leurs diverses enveloppes :
- corporelle : attaques physiques diverses, blessures à l'arme blanche ou par balle ;
- spatiale : perte de leurs maisons qui sont détruites ou confisquées par les agresseurs ;
- familiale : de nombreuses personnes ont perdu plusieurs membres de la famille ;
- communautaire : déplacement à l'intérieur du pays ou refuge à l'étranger.

En raison de l'affaiblissement des institutions publiques, les victimes se sont trouvées confrontées à l'effondrement de leurs propres repères. Il a fallu mobiliser autour d'elles un ensemble de stratégies pouvant les aider à surmonter les blessures physiques et psychologiques subies. Dans la plupart des cas, la prise en charge affective des victimes par leur famille et leur entourage a été précoce. Elle a précédé la visite au Centre hospitalier et le début du traitement médical. Le groupe social se présente donc comme un lieu privilégié de la thérapie.

Traditionnellement, la famille cherche d'abord à soigner la maladie sans faire appel à la bio-médecine. Ce choix est délibéré car il apparaît comme une première étape de résolution de l'adversité. En effet, dans l'aire culturelle bantoue notamment *Kôngo*, la vie et les événements qui l'entourent sont centrés sur la *Force vitale*. Selon Tempels, « toute maladie, plaie ou contrariété, toute souffrance, dépression ou fatigue, toute injustice ou tout échec, tout cela est considéré et désigné [...] comme une diminution de la Force vitale. »[68] Pour M. E. Gruénais, « à la

---

[68] Tempels (R. P.), *La philosophie bantoue*, Paris Présence, 3ᵉ édition, 1962, p.31.

recherche de la guérison, le malade et son entourage en viennent à s'interroger sur le sens à donner à la maladie. Ils s'adressent alors à différents types de spécialistes de la guérison. »[69] Le groupe social cherche dans un premier temps à faire des investigations sur l'origine (naturelle ou mystique) du mal. Sans s'être d'abord interrogé sur les causes et le sens, il estime qu'une prise en charge précoce du patient par un centre de santé pourrait provoquer une issue fatale pour le malade. La famille ou le groupe social ne va s'y résoudre qu'après avoir épuisé toutes les « voies », soit pour compléter les thérapies traditionnelles, soit lorsque les risques de la gestion interne de la maladie sont plus importants que le recours à la bio-médecine. Le choix de faire d'abord soigner dans le groupe familial revient à une stratégie de mise entre-parenthèse de la médecine moderne.

Le parcours thérapeutique fait ainsi appel à un « pluralisme médical » selon l'expression de J. M. Janzen[70]. C'est un dispositif complexe qui utilise en association, bio-médecine, médecine et pratiques traditionnelles et approche religieuse de la guérison.

L'examen des thérapies présenté dans ce chapitre commence par les thérapies occidentales modernes. Il continue sur les thérapies traditionnelles et les pratiques religieuses de la guérison. Il s'achève sur le travail thérapeutique de la famille auprès de l'enfant victime de violence sexuelle.

A. Les thérapies occidentales modernes

Les thérapies modernes des traumatismes d'origine sexuelle pendant les conflits armés consistent à donner une place dans des psychismes ravagés et désertifiés par l'effroi et l'horreur à de nouveaux objets fictifs ou réels sur lesquels puissent se reconstruire une histoire et un sens. Sous des formes explicites ou parfois moins apparentes, le travail inclut toujours une dose d'abréaction du traumatisme, c'est-à-dire de rappel à la conscience du traumatisme dans un cadre nouveau. Il s'agit d'une apparition dans le champ de la conscience d'un affect jusque-là refoulé. C'est

---

[69] Gruénais (M.-E.), op. cit., Le courrier du CNRS, n° 81, La ville et la santé, été 1994.
[70] Janzen (J. M.), *La quête de la thérapie au Bas-Zaïre*, Paris, Karthala, 1995, chapitre 2.

ce qui va permettre une réaction du sujet différente de la réaction primitive. Les thérapies du debriefing précoce sont une forme de psychothérapie brève abréactive[71].

Le débriefing est une intervention proposée chez des individus ayant traversé des événements particulièrement stressants, voire psychotraumatisants. L'objectif initial du débriefing est de gérer les suites immédiates d'un événement stressant en permettant à une personne de dire ce qu'elle a vécu avec ses mots. Cette technique est née au cours de la Seconde guerre mondiale dans l'armée américaine pour éviter les névroses de combat qui empêchent les soldats ayant vécu des situations où ils ont risqué leur vie de revenir au combat. Sa fonction était de remettre les soldats en état de reprendre le combat et, surtout, de prévenir ces troubles psychiques de type état de stress post-traumatique (ESPT) provoqués sur des civils.

Selon C. M. Chemtob, « le débriefing psychologique est une intervention de crise destinée à traiter et à prévenir la détresse post-événementielle chez des personnes normales confrontées à des situations anormalement stressantes »[72]. Il repose sur trois modalités thérapeutiques : la verbalisation de l'événement dans le cadre d'un groupe de soutien, la normalisation des réponses et l'information sur les réactions psychologiques post-événementielles.

Pour L. Crocq, « le débriefing psychiatrique est l'activité au cours de laquelle le psychiatre et son équipe invitent le sujet (débriefing individuel) ou le groupe de sujets (briefing collectif) rescapés ou impliqués dans un événement potentiellement psychotraumatisant à verbaliser leur expérience de cet événement afin d'être en mesure de la maîtriser et d'éviter une évolution pathologique »[73].

On peut remarquer que le stress et le trauma sont parfois confondus. Mais il y a une très grande différence entre les deux états. Le stress est la réaction habituelle à une menace extrême

---

[71] Koss (M.P.) and Harvey (R.R.), *The Rape Victims Clinical and Community Interventions*, 2nd edition, 1991, Sage Publications, Inc., Newbury Park, CA.
[72] Chemtob (C. M.), Tomas (S.), Law (W.) and (Cremniter (D.), " Postdisaster psychosocial intervention : a field study of the impact of debriefing on psychological distress ", in American Journal of Psychiatry, 1997; 154 : 415-17.
[73] Crocq (L.), *Les traumatismes psychiques de guerre*, Paris, Odile Jacob, 1999.

tandis que le trauma, conséquence de la rencontre avec le réel irreprésentable de la mort, constitue une menace interne qui va faire effraction dans le psychisme du sujet et entraîner notamment les manifestations de répétition traumatique, les souvenirs imposés, les ruminations flash-back, les cauchemars, etc. Cependant, s'il est facile de reconnaître, dans l'après-événement, les personnes ayant subi un stress majeur, il est beaucoup plus difficile de déceler celles qui ont subi un psychotraumatisme. En effet, certaines personnes présentent juste après l'événement des troubles de l'adaptation, des réactions anxiodépressives, voire des états de stress aigu ; mais dans tous les cas, ils sont de courte durée. Pour d'autres personnes, ce n'est que plus tard, soit parce que les troubles se chronicisent sur plusieurs mois ou bien parce qu'ils apparaissent après une période de latence, que l'on va reconnaître les manifestations de traumatisme psychique et notamment l'état de stress post-traumatique.

Il faut donc intervenir le plus tôt possible auprès des victimes pour les soulager. Le débriefing leur permet d'établir un premier contact positif et rassurant avec les professionnels de santé qui vont avoir à les prendre en charge par la suite. Toutefois, le débriefing ne doit pas être considéré comme suffisant. En effet, il doit s'intégrer dans un processus de gestion des événements critiques qui rassemble de nombreuses modalités d'intervention, à court, moyen et long terme.

Pendant les moments de reviviscence, pensée, sens, langage et comportement libre peuvent à nouveau coexister avec le souvenir du traumatisme. Les priorités du traitement consistent, dans un premier temps, à mettre fin à l'existence même de l'événement traumatique ou au moins d'en mettre à l'abri le patient. Il faut ensuite proposer une relation thérapeutique adéquate qui fournisse une aide au patient dans la formulation de ses décisions et de ses projets, mais aussi dans la mise en route d'une perlaboration[74] du traumatisme.

---

[74] « La perlaboration vise à explorer comment mieux transformer, comment rendre l'inconscient conscient. Elle recouvre le travail d'assimilation des interventions, de dépassement des résistances et de prise de conscience », Grand dictionnaire de la psychologie, Paris, Larousse, 1997, p. 64.

Il faut aider le patient de manière progressive, à faire venir à l'esprit pour un temps limité le souvenir et les éléments qui amorcent le souvenir de l'événement traumatique, puis à les faire sortir de l'esprit et enfin à les rappeler de nouveau à la mémoire pour un temps et ainsi de suite. C'est pendant la période de remémoration qu'il faut aider le patient à exprimer et organiser le souvenir de cette expérience. Il faut surtout accroître le sentiment de confiance dans la relation thérapeutique pour que le patient puisse entamer la perlaboration de l'événement.

Quand le sujet devient capable de faire l'expérience et de tolérer les épisodes d'intrusion de pensées et de vagues émotionnelles, le traitement vise alors à permettre au sujet de perlaborer des associations liées implicitement à l'événement traumatique, qu'elles concernent le champ de ses conceptions de la vie, de ses émotions, de ses relations ou l'image de lui-même et à faire des projets d'avenir.[75]

Traiter une victime de viol, c'est donc transformer les images des souvenirs traumatiques en un récit. Le rôle du thérapeute consiste à accompagner ce récit jusqu'à l'organisation finale.

D'autres types de psychothérapies sont utilisés :

la psychothérapie de groupe, technique permettant d'éviter parfois des manifestations transférentielles négatives observées en thérapie individuelle. Elle est utile surtout au début du traitement car après, elle semble pour certains devenir un frein et favoriser une chronicité ;

les thérapies dites de relaxation, méthode thérapeutique produisant un état de détente musculaire plus ou moins volontaire et une restructuration de l'image du corps. Ces techniques cherchent à réduire la tension, l'anxiété, le déséquilibre émotionnel d'un sujet en agissant sur l'activité myotonique et le système neurovégétatif. Cette méthode utilise aussi des techniques et des philosophies religieuses asiatiques comme le yoga et le zen.

---

[75] Lopez (G) et Sabouraud-Seguin (A.), *Le premier entretien avec une victime du stress post-traumatique*, Atmedia.com, 22 décembre 1999.

les techniques cognitivo-comportementales introduites par les anglo-saxons[76] dans le traitement de la dépression. Elles sont axées sur la prise de conscience par le patient de la distorsion avec laquelle il appréhende et subit des événements malheureux de son existence. Ces techniques visent à orienter le patient vers une « prise de conscience rationnelle de ses comportements pathologiques » en lui permettant de reformer certains de ses jugements et son appréhension perceptive du monde extérieur.

Les familles ont pallié l'absence de structures appropriées susceptibles d'accompagner les victimes dans la quête des soins et l'apprentissage à un retour à une vie « normale ». Elles ont tout d'abord apporté une réponse affective et matérielle à la détresse des femmes violées et des personnes traumatisées. Cette prise en charge collective des victimes a permis d'atténuer les conséquences psychopathologiques des traumatismes qu'elles ont subis.

B. La thérapie traditionnelle

Les cas cliniques étudiés et les rapports des structures et des personnes impliquées dans la prise en charge des victimes montrent que les femmes violées qui avaient pu retrouver leur environnement familial semblent avoir développé rapidement des mécanismes de réadaptation. En récréant les schémas de parenté et les solidarités traditionnelles, les structures familiales ont permis d'atténuer les difficultés matérielles. Elles ont pu éviter le sentiment de solitude et l'apparition de crises d'identité très perceptibles chez les personnes recueillies seules dans les centres d'hébergement ou chez celles ayant perdu leurs parents.

Les familles ont joué un rôle fondamental dans la thérapie. Cette situation pourrait s'expliquer par la structuration de la famille propre. Les femmes violées rencontrées appartiennent toutes à l'ethnie Kôngo. L'organisation de la thérapie traditionnelle ne peut donc se comprendre qu'à travers le système de droits et des obligations propre à la culture des victimes.

---

[76] Voir à ce sujet Resick (P.A.) and Snicke (M.K.), " Cognitive processing therapy for sexual assault victims ", in Journal of Consulting and Clinical Psychology,1992, 60, pp. 748-756.

D'une façon générale, dans la culture kôngo, la maladie et la souffrance sont opposées au bien-être de l'individu. Elles sont des obstacles empêchant la personne de se réaliser, c'est-à-dire de faire ce qu'elle désire. C'est par conséquent la vision des choses qui explique le sens des rites de guérison au sein de la communauté clanique, rites aidant à se libérer des emprises des différents maux. L'interprétation de la maladie et de la guérison va de pair avec la représentation que les Kôngo se font de l'être humain comme être complexe, composé d'éléments visibles (le corps, le sang) et invisibles (l'esprit, le souffle, le « cœur »). La maladie et la souffrance représentent une rupture de l'équilibre et de l'harmonie vitale entre ces divers éléments. La communauté a donc un devoir, celui de les rétablir.

C'est l'intégration du malade dans son clan qui est la base de la guérison. En effet, elle revalorise la victime pour lui permettre de jouer son rôle au sein du groupe. Il est donc important de commencer par présenter la structure familiale kôngo.

1. La structure familiale Kôngo

Les Kôngo[77] constituent une des principales ethnies du Congo. Leur aire d'habitation actuelle se confond avec la partie méridionale du pays. Toutefois, la réalité sociale congolaise est beaucoup plus complexe en raison des mouvements migratoires internes et externes.

La filiation kôngo est matrilinéaire. Par filiation matrilinéaire, il faut entendre le système de lien parental qui, au sein d'un même lignage, admet le principe selon lequel le sang est transmis à l'enfant par sa mère. Ce système interdit les relations matrimoniales ou sexuelles entre cousins parallèles (nés des collatéraux de même sexe). En revanche, les cousins croisés (issus de collatéraux de sexes opposés) le peuvent dans la mesure où la règle sociale les situe dans deux familles différentes. Dans ce

---

[77] Ils occupent un espace géographique qui comprend le Nord-Angola, le Sud-ouest du Congo Kinshasa et le Sud du Congo et du Gabon. Ils se répartissent en plusieurs sous-groupes sociétalement constitués : Lari, Kongo, Bembé, Ndibu, Zombo, Ntandu, Vili, Sundi, Yaka, Kamba, Yombé, Punu, Dondo, Hangala, Kuni, Sangui, Kuta, etc.

système, les enfants héritent, non pas de leur père biologique, mais de leur oncle maternel appelé aussi *Ngua Nkazi* ou *mère masculine*.

Les cognats sont donc tous les apparentés du côté de la mère et ils représentent la famille des enfants. Ils sont censés assurer l'essentiel de leur éducation, de leur santé et de leur protection contre les agressions aussi bien physiques et métaphysiques.

L'exogamie est le principe fondateur du système parental. Elle commande que l'on prenne épouse ailleurs que dans son lignage. La primogéniture y est de règle, c'est-à-dire que les aînés sont à la fois omniprésents, omnipotents et omniscients. Toutefois, le père conserve une marge importante de manœuvre dans l'éducation des enfants. En particulier, il est sollicité lors du mariage de sa fille et reste la pièce essentielle sans laquelle le système des alliances matrimoniales ne pourrait fonctionner. De ce fait, il est préférable de parler de système parental à prédominance matrilinéaire. Le système parental de type matrilinéaire où le père n'est pas acteur de l'éducation de ses enfants n'existe pas chez les Kôngo.

2. L'individu dans la famille Kôngo[78]

Les Kôngo sont organisés sur la base du lignage ou *kânda*. C'est le groupe de parenté de la mère. Le *kânda* est l'ensemble de personnes issues d'un même ancêtre. Cet ancêtre est donc une femme et il est conçu comme réel et généralement nommé explicitement. Ainsi le *kânda* est une forme de matrilignage. La mère et le fils ont la même ascendance.

A travers la chaîne généalogique, chacun doit apporter la preuve, par rapport aux autres membres, qu'il descend bien du même ancêtre, ce qui est plus facile à établir pour la filiation dite utérine. Il s'agit pour ce faire de nommer son *moyo* (matrice clanique) qui est la cellule de filiation à partir de la mère ou de la grand-mère.

Dans les groupements internes en suivant la proximité généalogique, le *lueka* est ce qui ne représente qu'un segment des lignages proches. Or plus on s'éloigne de l'ancêtre femme

---

[78] Cf : Manckassa (C.), *Structures matrilinéaires et société Lari du Congo. Une société primitive face au marxisme*, Thèse pour le Doctorat d'Etat ès Lettre et Sciences Humaines, Université des Sciences et techniques de Lille, 1986 , Manckasa (C.), *La société Kôngo et ses dynamismes politiques*, Thèse pour le Doctorat de 3ème Cycle, Paris-Sorbonne, 1968.

fondateur du *kânda* (ou du *moyo* original), plus les sous-ventres s'affirment comme des segments de plus en plus nombreux où la dimension réelle du *kânda* émerge. Mais, plus l'ancêtre recule dans la mémoire du groupe, plus le *kânda* voit l'unité de son origine remise en cause. Pour s'affirmer comme cadre d'intégration et espace unitaire, le *kânda* arrive à avoir par conséquent besoin de plusieurs *mioyo*[79]. C'est par leur articulation qu'on peut remonter à l'ancêtre commun, symbole de l'unification de l'ensemble, condition de l'existence du *kânda* en tant que groupe un et indivisible. Le *kânda* se manifeste ainsi comme un groupe unitaire fortement solidaire[80].

Le *kânda* est donc l'unité sociale de base, l'unité vivante. Il est lui-même un rameau du clan ou *mvila*. Le clan peut être défini comme la collectivité de tous les ascendants et les descendants par filiation utérine d'une aïeule commune ; ils portent le nom de cette collectivité.[81] Le clan comprend tous les individus des deux sexes, « qu'ils vivent en dessous ou au-dessus de la terre, […], les défunts et les vivants »[82]. Il régit la constitution des groupements de résidence, impose l'exogamie et « crée un champ de forces » où vivants et ancêtres sont vitalement associés et à l'intérieur duquel l'individu est censé trouver équilibre et santé.

Le *kânda* est donc la véritable cellule sociale dont nul ne peut s'affranchir.

Le *kânda* est un refuge, une assurance mais aussi un organisme de contrôle social voire une compagnie d'assurance fondée sur des principes de charité et de générosité réciproques. La solidarité s'applique à tous les éléments issus d'une même descendance. Ils se sentent très proches les uns des autres surtout pendant les moments difficiles. En effet, en s'agrandissant, le *kânda* se diversifie et les formes de cohésion tendent à se détendre. Quand la structure devient plus lâche, un besoin de restructuration interne soude plus fortement les individus à l'intérieur du groupe. Ce besoin est déterminé par la logique même de la structure pour se maintenir comme entité homogène. Comme la filiation directe est le principe

---

[79] Pluriel de *moyo*
[80] Manckassa (C.), op. cit.
[81] Par exemple les membres du clan *Kahunga* sont appelés *Bisi Kahunga*, les membres du clan *Mbembe* sont appelés *Bisi Mbembe*, etc.
[82] Balandier (G), op. cit.

même de la structure, elle ne peut pas s'opérer en dehors des *mioyo* qui sont des éléments indispensables de l'ensemble.

Le sang de la mère étant le fondement de la parenté, il donne vie à la structure du lignage. Chaque position généalogique déterminée par les femmes est un niveau de développement de cette structure. La condition essentielle pour être membre du *kânda* est par conséquent d'appartenir biologiquement à cette chaîne de sang. La reproduction du sang à travers les chaînes généalogiques est le tissu de la parenté. C'est la filiation comme distribution biologique du sang de la mère qui détermine la parenté. Et cette dernière est le système qui organise les relations sociales.

L'esprit communautaire est le tissu primordial qui organise le *kânda*, il est l'extension sociale de la notion de l'unité de sang. En effet, il n'est pas logique que des enfants d'une même mère (ancêtre fondatrice) s'opposent, s'excluent ou ne mangent pas ensemble. Cohésion et solidarité sont des termes qui ont pour matériau l'unité de filiation et uniquement elle.

Pour le dire autrement, au sein du *kânda*, chaque membre n'est qu'un élément de l'ensemble. Les rôles individuels se construisent pour exprimer le *kânda*.

Dans ce système de parenté, l'enfant né hors mariage, quelle que soit la circonstance, aura toute sa place. Si la mère l'abandonne, il y aura toujours un membre du *kânda* (un oncle, une tante, etc.) pour le prendre auprès de lui parce que c'est son propre sang. Inversement, on peut comprendre pourquoi certaines femmes qui ont eu un enfant à la suite d'un viol et qui ont perdu tous leurs parents directs au cours de la guerre civile, acceptent leur enfant car c'est la « *seule richesse* » qui leur reste.

Le caractère symbolique de la femme

« La femme, être fécond par excellence, apparaît en vertu d'une participation mystique, comme toute désignée pour fertiliser la terre. »[83] Elle représente la fécondité.

Le *kânda* accorde une grande importance et un grand respect à la fécondité de la femme. Depuis la nuit des temps, la femme et la terre sont toujours en relation. La femme s'est vue confier tout ce qui est en rapport direct avec la fertilité, attribut essentiel de son

---

[83] Cuvillier (A.), *Manuel de sociologie*, Tome II, Paris, PUF, 1959, p. 421.

sexe. La projection de la fécondité féminine sur la fécondité de la terre et l'utilisation de la première pour assurer une meilleure fécondité de la nature résultent d'une symbiose totale entre les deux. La femme a le pouvoir de donner non seulement la vie aux êtres humains, mais aussi aux choses. Cette possibilité de féconder, de faire germer et de donner la vie lui confère des pouvoirs spéciaux.

Dans ce contexte, le viol de femme n'est pas uniquement une atteinte à la femme elle-même. C'est également et surtout une atteinte à ce qu'elle représente, une souillure de la fécondité. Souiller la femme, c'est donc souiller la terre.

La souillure de la femme par le viol pose donc le problème de la représentation de la femme dans la société kôngo, du statut de la femme, de la mère, de l'enfant, de l'organisation familiale, de la parenté, des alliances, etc. Ces valeurs et ces institutions qui se transmettent de génération en génération sont des repères fondamentaux à la base de la culture kôngo.

Les questions de la sexualité et de la fécondité

Décrivant les changements sociaux chez les Kôngo, Balandier avance que « dans une société [...] où la femme, fondatrice de la lignée, créatrice des liens de parenté les plus efficaces et associée à la chefferie, dispose d'un statut social relativement élevé [...], la séparation des sexes s'inscrit dans les limites d'une conception dualiste [...]. E. Torday s'est attaché à repérer le dualisme sexualisé non seulement à l'intérieur du système de la parenté, mais au sein même de l'ensemble religieux kôngo. Et l'observation de la vie quotidienne manifeste en de nombreuses circonstances le fait de la séparation existant entre les sexes. Dès l'enfance, tout au moins lorsqu'il s'agit d'une unité restée typique, garçons et filles se tiennent en des habitations différentes, obéissent lorsqu'ils sont plus âgés à des rapports réciproques que dominent la réserve et la pudeur (*nsoni*). La culture kôngo est marquée par une certaine rigueur dans les mœurs. »[84]

Bien que l'urbanisation du Congo ait favorisé la prise de distance à l'égard des coutumes, « la spontanéité est encore loin de

---

[84] Balandier (G.), *Sociologie actuelle de l'Afrique noire*, Paris, PUF, 1971, p. 338.

jouer un rôle primordial dans les relations entre sexes »⁸⁵ chez les Kôngo.

Dans la société traditionnelle kôngo, la relation sexuelle n'est pas une fin en soi, mais le moyen qui permet la « production » des hommes et la reproduction du *kânda*. Un des moments privilégiés pour appréhender la fonction que la société kôngo attribue à la sexualité, particulièrement à la sexualité féminine, c'est le mariage, notamment la dot et sa compensation.

Parmi les biens que le *kânda* (le groupe maternel) donne au *m'kuezi* (belle-famille) en compensation de la dot, il y a le « *tuizi tsia longo* », un animal femelle consacrant le mariage, l'union matrimoniale. En effet, la *busi* (sœur) donnée en mariage reste membre du *kânda*. Si elle est cédée comme valeur d'usage sexuel, elle est « récupérée » comme future mère qui doit reproduire biologiquement son *kânda*.

Selon C. Manckassa, « en remettant une bête femelle, le *kanda* donne deux femmes : une réelle, la *busi*, l'autre, symbolique, l'animal femelle. Les petits que mettra bas cet animal seront propriété du mari et de son groupe. Ils " rachèteront " les enfants de la *busi*, [...], qui, eux, appartiendront au *kânda*. [...]. La femme n'a pas de valeur d'usage sexuel dans son groupe de parenté. Sa circulation matrimoniale n'implique pas de perte pour son groupe, mais la possibilité de se reproduire biologiquement. La circulation matrimoniale de la femme équivaut à la circulation matrimoniale de l'homme, car lui non plus n'a pas de valeur d'usage sexuel dans son groupe. Les partenaires doivent venir de l'extérieur. Tout le monde ici circule : la femme, pour devenir mère ; l'homme pour devenir père. »⁸⁶

De même, parmi les biens que le groupe paternel donne au *m'kuezi* (belle-famille) en compensation de la dot, il y a une bête mâle et une bête femelle. Le sexe de chaque animal a une signification particulière.

La bête mâle ou *tuizi tia mitzieno* (bête consacrant les lois du mariage) doit être consommée. Elle symbolise tous les hommes en

---

⁸⁵ Balandier (G.), idem, p. 338.
⁸⁶ Manckassa (C.), *Structures matrilinéaires et société Lari du Congo. Une société primitive face au marxisme*, Thèse pour le Doctorat d'Etat ès Lettre et Sciences Humaines, Université des Sciences et techniques de Lille, 1986 op. cit., p. 161-190.

dehors du mari. Ces derniers sont symboliquement détruits et la femme doit rester fidèle à son mari contrairement au *kânda* qui n'a pas à supprimer symboliquement les autres mâles. Pour le groupe maternel, seul le sexe de la *busi* est cédé. Quant à ses enfants, quel qu'en soit le « géniteur », ils appartiendront au *kânda* ; ils seront toujours fils de sa mère.

La première qualité de la femme pour son lignage est donc la fécondité. C'est un devoir pour la femme de produire beaucoup d'enfants parce que *mbongo bantu*, c'est-à-dire avoir beaucoup d'enfants, c'est *produire la richesse*, la richesse en hommes. La femme féconde est l'être le plus utile à son clan, alors que la femme stérile est ignorée, voire méprisée.

La grande place donnée à la femme féconde est confirmée par le titre de « *mâ ngudi* » que portent toutes les mères de jumeaux du fait qu'elles ont bénéficié d'une bienveillance particulière de la part des ancêtres.

L'importance accordée à la fécondité assure au nouveau-né un accueil chaleureux dans le clan qu'il enrichit de sa présence.

La conception du rôle de la femme est claire et précise puisque « même si une femme ne parvient pas à se marier, elle doit chercher du moins à avoir un enfant, tant il est vrai qu'une femme stérile n'est pas une femme »[87]. Cela traduit bien l'état d'esprit général et la crainte pour la femme Kôngo d'être stérile. La femme vit d'abord pour mettre en valeur sa fécondité au bénéfice de son clan. Une vie sans progéniture est une catastrophe, non seulement pour le membre du clan, mais surtout pour le clan lui-même.

3. Les fonctions de la famille

Le milieu familial a permis aux victimes de violences sexuelles d'entamer le processus pour retrouver leur dignité et le sens de leur propre valeur. C'est un élément déterminant pour le rétablissement psychosocial. La famille est le lieu où on apprend à s'adapter, à s'attacher, à devenir autonome, à vivre en collectivité pour soi et pour autrui. C'est le cadre où s'effectue la reproduction indispensable dans l'évolution d'une population. C'est le lieu de la transmission par la filiation, non seulement de ses biens, de son

---

[87] Mambou-Gnali (A.), *La femme africaine, un cas la congolaise*, Paris, Présence Africaine, n°68, 1968, p. 20.

patrimoine mais surtout de ce que l'on est et ce que l'on sait, de son histoire. En définitive, la famille est le lieu de la socialisation, de la reproduction et de la sexualité.

La famille contrôle la sexualité de deux manières :
- par l'interdiction de la sexualité au sein de la famille à travers les règles de prohibition de l'inceste. C'est le lieu où se transmettent les interdits fondamentaux de la sexualité et cette sexualité se socialise, se parle et/ou se vit comme échange, comme communication, comme procréation, mais non comme violence ou comme crime ;
- par la socialisation de la sexualité au sein de la famille à travers le mariage qui définit la légitimité et l'appartenance de la descendance.

C'est dans le cadre de la famille que s'effectue la succession des générations dans la double dimension de ce terme : évolution des âges et transmission par la filiation.

La famille est également le vecteur de diffusion d'un langage, d'une culture, des valeurs, des coutumes, de mode de vie (en général acquis au cours de l'enfance). La famille est porteuse d'un patrimoine culturel qui marque l'enfant d'une forte empreinte. C'est par excellence le lieu de socialisation.

Une des principales fonctions de la famille réside dans l'affectivité. Les relations familiales reposent essentiellement sur l'amour et l'affection mutuelle. La famille assure aussi la fonction de protection, d'éducation. Au sein de la famille, les enfants apprennent et dressent leur personnalité. Elle a aussi une fonction juridique, c'est-à-dire qu'elle est chargée de mettre de l'ordre. Elle reste au-delà du contrôle social et économique comme une valeur refuge surtout pendant les périodes de crise. C'est un lieu de sécurité, d'échange, de soutien, de réconfort. Elle assure à ses membres une solidarité et un soutien à la fois matériel et psychologique.

La famille est donc le lieu privilégié où se fait naturellement le travail thérapeutique. C'est là où se tissent les liens d'appartenance et que s'établissent les relations. C'est aussi dans la famille que pourra se représenter ce qui n'a pas pu trouver forme ni sens pour l'individu. Mais c'est aussi dans le milieu familial que seront déposés les silences, l'impensable, l'intolérable, faisant d'elle un lieu de mémoire de l'oubli[88]. C'est au sein de la famille que le travail de construction de la mémoire, à partir des traces mnésiques de chacun et dans le respect de l'oubli nécessaire, peut se faire.

Des liens forts et le soutien de toute la famille et de l'entourage sont donc très importants pour la victime de violence sexuelle. La victime a besoin d'amour et de compréhension. Elle restera traumatisée tant qu'elle refoulera ses sentiments et ses souvenirs. La famille est là pour l'aider à affronter ses mauvais souvenirs et ceux de son groupe.

Toutefois, il ne faut pas idéaliser la famille parce que la famille est aussi le lieu de tensions, de rivalités, de jalousie et de sorcellerie. Comme le dit un adage kôngo « kânda mbizi a n'sende » c'est-à-dire que la famille est un poisson plein d'arêtes car « gâ bilombolo pele » ou dans une traduction littérale, « là où il y a des gens les problèmes ne manquent pas ».

4. Le groupe familial : un filet de sécurité

Le groupe familial est un des réseaux de solidarité les plus stables. Chez les Kôngo, il constitue un filet de sécurité traditionnel par les échanges, les dons, les aides diverses, etc.[89].

L'intégration de la société kôngo dans l'économie marchande, la scolarisation et l'urbanisation, les vicissitudes de la vie en ville ont provoqué une distanciation des relations au sein de la famille. Mais, les violences politiques, à partir du moment où elles ont ciblé des groupes bien désignés, ont revivifié les réseaux de soutien de la parenté dans un réflexe de survie.

La structure familiale dans les centres urbains

Au Congo, les agglomérations urbaines se sont développées en quartiers constitués par des familles comprenant souvent les membres de plusieurs générations d'un même lignage. Des personnes étrangères au lignage cherchant à éviter l'isolement sont également venues s'associer au groupe. Le quartier constitue ainsi une unité résidentielle fonctionnant de façon autonome : c'est le

---

[88] Todorow (T.), La mémoire du mal, tentation du bien, Paris, R. Laffont, 2000.
[89] Mianzenza (S.), " Formes de solidarité dans un quartier suburbain de Pointe Noire. Cas de Loadjili ", in ORSTOM/Congo Actualités, n°2, 1992.

groupe familial de coopération. Il est le lieu de solidarité le plus actif car nourrir tous ses membres est une obligation. En cas de déficience d'une « maison » par suite d'infortune (maladie, incapacité temporaire ou définitive, décès, etc.), il revient aux autres de suppléer aux carences de la production tout comme il revient aux plus jeunes de nourrir les vieux dans l'incapacité de travailler. Production, consommation, coopération et solidarité sont ainsi la reproduction fidèle du microcosme villageois qui fait coexister le groupe élémentaire formé autour de chaque homme marié (l'oncle) et le groupe familial de coopération.[90]

Le groupe élémentaire reste le support d'une organisation sociale domestique à forte autonomie. Au pire des cas, il peut vivre seul. Toutefois, il serait socialement handicapé par l'isolement. Par contre, le groupe familial de coopération permet de faire face aux besoins fondamentaux de protection, d'entraide, de vie commune et de compenser les aléas auxquels sont exposés les groupes élémentaires. Le groupe familial ne participe qu'occasionnellement aux activités sociales. Cependant, c'est lui qui rend possible l'organisation domestique en lui apportant son complément nécessaire (la solidarité). Le groupe familial de coopération constitue donc le filet de sécurité traditionnel.

Avec l'urbanisation accélérée du Congo, on a observé une désagrégation des structures lignagères et claniques. La solidarité a commencé à se manifester de plus en plus en fonction de l'appartenance à la même descendance. En période difficile, les limites de cette solidarité sont apparues rapidement. Les circonstances ont vite fait de transformer un parent en étranger s'il n'appartient pas au lignage direct. L'extension de la solidarité est de ce fait, par la force des choses, aussi limitée que celle des échanges[91]

Cette évolution pourrait s'expliquer par les limites du système économique basé sur l'autosubsistance et les mutations du type de regroupement familial. En effet, l'économie traditionnelle est essentiellement une économie d'autosubsistance. Elle s'organise de façon à satisfaire les besoins du groupe familial et de lui seul : sa rigidité l'empêche de faire face de manière durable à une

---

[90] Manckassa (C.), Op. cit.
[91] Mianzenza (A. D.), *Gabon. L'agriculture dans une économie de rente*, Paris, L'Harmattan, Paris, 2001.

augmentation de la consommation. C'est un système qui confère une relative indépendance à des groupes très petits qui disposent d'un accès illimité aux ressources naturelles. L'objectif étant de produire en fonction des seuls besoins présumés du groupe familial, la production est nivelée par le bas. La recherche de l'ajustement travail-besoin conduit à accepter le risque de la pénurie plutôt qu'à fournir un surtravail sans objet. Fermé sur lui-même, le système ne produit pas d'excédents. Il ne permet donc pas de faire face à une chute brutale de la production ni à une augmentation imprévue et prolongée du nombre de consommateurs du groupe familial. Si la prépondérance de la famille étendue a continué à être largement attestée dans les zones rurales, dans les centres urbains on a cependant assisté à une augmentation des familles nucléaires. Ceci est manifeste en particulier dans les agglomérations où sont installées des entreprises modernes. En effet, les logements de fonction et les cités ouvrières créent une rupture avec le « village-quartier » et la restriction de l'habitat et de l'espace urbains favorise la nucléarisation de la famille. La modernisation en entraînant l'urbanisation a fini par mettre à mal les solidarités traditionnelles.

La modernité (en fait l'occidentalisation) est aussi plus mimée que réellement vécue. Les individus réagissent en fonction d'un modèle qui est loin d'être intériorisé. Dans la mesure où l'ensemble du système dominant a pour vocation de dévaloriser la tradition, la parenté se voit rejeter comme cadre d'éducation et d'intégration sociale. Les générations nouvelles n'y voient qu'un ordre du passé.

Le village lignager et la ville sont en relation conflictuelle, en relation de rupture. Si le *kânda* se maintient dans le village traditionnel et reproduit ses symboles ancestraux, dans les villes par contre, il affronte des conditions matérielles qui ne sont pas dans sa nature. Certes, les citadins restent membres de leurs lignages respectifs, se réfèrent à leurs ancêtres communs. Ils sont pris dans un contexte socioculturel étranger à la parenté. Il en résulte un climat général de déstabilisation du système traditionnel.

Néanmoins, le système résiste. Face aux conditions nouvelles, la nécessité d'assurer le maintien et la reproduction de la parenté lignagère a amené l'organisation familiale à s'ajuster.

La modernité a ainsi donné lieu à une réinterprétation des fonctions fondamentales de la famille et de la parenté, y compris de la justification de son existence en tant que type et forme d'organisation (à travers les valeurs culturelles nouvelles dont les plus dominantes se réfèrent à l'Occident). Ceci a conduit à une réduction de la dimension historique du lignage ou des généalogies.

Les contradictions inhérentes au système socio-économique dominant, mettent en valeur réciproquement l'importance des rapports de parenté dans les villes. En cas de maladie, les individus sans moyen d'existence comptent uniquement sur le *kânda* qui se charge des coûts du traitement et de l'achat des médicaments, etc. Le *kânda* doit être solidaire en acte. Quand, dans un *kânda*, un membre est malade, c'est tout le *kânda* qui est malade.

En ville, c'est le plus âgé des membres du *kânda* qui est nommé chef. Il représente le *m'fumu a kânda ou m'buta* (le chef du lignage) qui, lui, est au village. Tous les problèmes qui ne nécessitent pas l'intervention personnelle du chef du lignage relèvent de sa compétence. En cas de maladie d'un membre, il a l'autorisation (*m'sua*) de dire le discours rituel (*ki bila*) destiné à opérer la guérison. Si son intervention n'aboutit pas, on fait appel au " vieux ". Si ce dernier ne peut pas se déplacer, il transmet la délégation de pouvoirs (*m'sangavulu*). Le chef délégué intervient à nouveau. Dans le cadre de cette délégation de pouvoirs, des réunions périodiques sont organisées à son domicile. Des cotisations mensuelles sont exigées et chaque membre apporte sa contribution au chef délégué. Une liste de cotisants effectifs est ouverte, tenue par le trésorier de l'équipe dirigeante. Ainsi, en cas d'hospitalisation d'un membre de la famille, les frais pharmaceutiques sont couverts par ces cotisations. Les cas de décès sont également traités de la même manière, comme l'assistance aux enfants issus du *kânda* et résidant dans la ville.

Les populations ont essayé de répondre à l'adversité par la mise en place des réseaux de solidarité alternatifs basés sur le modèle associatif : associations des originaires de tel village ou district, fraternité chrétienne, mutuelle, *muziki* (association féminine d'entraide), etc.[92] Là où les anciennes structures cédaient sous la pression des transformations socio-économiques, culturelles, etc., les populations déracinées, appauvries et mal urbanisées, ont essayé de prendre conscience de leurs problèmes et des solutions qui étaient à leur portée. Elles ont commencé à construire la base

---

[92] Mianzenza (S.), « Formes de solidarité dans un quartier suburbain de Pointe Noire. Cas de Loadjili », in ORSTOM/Congo Actualités, n°2, 1992.

nécessaire à la création d'une société plus ouverte qui s'éloigne de la société lignagère.

En 1997, des familles d'ethnies diverses ont fui les quartiers Nord de Brazzaville soumis aux bombardements de l'armée régulière. Elles se sont réfugiées dans les quartiers Sud de la ville, accueillies dans des familles avec lesquelles elles n'avaient aucun lien. Un élan similaire a été également observé pendant la guerre civile de 1998-99, dans le sens Sud-Nord. De nouveaux modèles apparaissent ainsi qui conduisent à un recentrage des solidarités familiales traditionnelles tout en s'élargissant vers des solidarités non familiales.

Après avoir restitué l'environnement culturel et la situation de la femme chez les Kôngo, il faut examiner la thérapie traditionnelle mise en place par les familles des victimes de violences sexuelles.

5. Le parcours thérapeutique traditionnel chez les Kôngo

Analysant le statut juridique de la thérapie chez les Kôngo, John M. Janzen avance que la thérapie est un processus éminemment social qui s'apparente aux institutions juridiques et cérémonielles (cultes) de la société kôngo. « Ces institutions sont fondées sur une conscience de l'ordre et sur le sentiment que des faits se sont produits qui ont créé une situation en désaccord avec ce qui devrait être. Si le problème appartient au domaine judiciaire, l'action pour y remédier prend la forme d'un litige introduit devant un tribunal où des *n'zonzi* (de *zonza*, discuter ou débattre) ou des *m'povi* (de *vova*, parler) délibèrent du problème (*vova samu, bula samu*) ou règlent et concluent une dispute (*zenga samu*, de *zenga*, couper ou trancher).

Si le problème est d'ordre cérémoniel, l'action prend la forme d'une purification (*sukula*, laver ; *vidisa*, nettoyer), ou d'une initiation (*m'pandulu*) à un *n'kisi* ou un rôle consacré dans le contexte d'une cérémonie publique (*n'kembo*). S'il s'agit d'un *kimbevo* normal (du maladie naturelle), le traitement prend la forme d'une thérapie (*buka*, traiter, *nyakisa*, guérir, lever) [..] »[93] et on ira se faire soigner dans un centre de santé ou les deux à la fois

---

[93] Janzen (J. M.), *La quête de la thérapie au Bas-Zaïre*, Paris, Karthala, 1995, p. 145.

Pour Janzen, la frontière entre les différents ordres est souvent difficile à déterminer. Par exemple, quand un litige est porté devant des *n'zonzi*, ces derniers peuvent s'adjuger une fonction plus directement thérapeutique destinée à expurger l'antagonisme qui règne entre les plaignants et à leur permettre de se demander mutuellement pardon. Des personnes qui ont « *meso maya* » c'est-à-dire *quatre yeux*[94] (deux pour voir dans le monde visible, deux pour voir dans le monde invisible) peuvent être invitées à prendre part à ces séances. Le tribunal se transforme souvent en organisateur de thérapie et l'action judiciaire en thérapie.

L'attitude de la famille envers la victime de violences sexuelles pendant la guerre civile est semblable à celle face au deuil. La souffrance est partagée et vécue collectivement. La victime n'est jamais laissée seule. Plusieurs parents (généralement la mère, la grande sœur et les tantes maternelles) l'accompagnent dans ses déplacements (comme le montrent les cas cliniques cités ci-dessus), dans tous ses faits et gestes. Ils l'entourent en permanence de leur attention, allant jusqu'à dormir sur la même natte.

La quête de la guérison va combiner médecine moderne, pratiques traditionnelles de soins (Tableau 8) et thérapie à caractère religieux. Pour les Kôngo, les viols systématiques et massifs appartiennent au même ordre symbolique que le *viol mystique*.

Viol systématique ou *viol mystique*, dans les deux cas il y a rupture avec le monde social et affectif, puis destruction de l'identité avec abolition des repères ; il y a souillure de la lignée. Quand la société est ainsi touchée dans ses fondements, on cherche un diagnostic au-delà du corporel, dans la colère d'un esprit, dans une négligence envers les codes moraux ou dans la sorcellerie émanant de l'environnement social[95].

---

[94] Faculté de « voir » ce que les non initiées n'arrivent pas à voir.
[95] Sur ces aspects, cf. Rivière (C.), « Réactivations et réinterprétations de la magie », in Marges contemporaines de la religion, Religiologiques, n° 18, automne 1998 ; Devisch (R.), L'engendrement libidinal du sens en milieu yaka du Zaïre, in Religiologiques, n° 12, automne 1995, pp. 83-110 , Hagenbucher-Sacripanti (F.), « Note sur la signification du Cinkoko dans la représentation culturelle de la maladie (Sud-Congo) », in Cahiers ORSTOM, Série Sciences Humaines, vol. XIX, n° 2, 1983, pp. 203-218 ; Hagenbucher-Sacripanti (F.), « La représentation culturelle traditionnelle de la trypanosomiase dans le Niari », in Cahiers ORSTOM, Série Sciences Humaines; vol. XVIII, n° 4, 1981-1982, pp. 445-473.

Dans les deux cas, les thérapies mobilisées pour enlever la souillure sont identiques.

Tableau 8
Corrélation entre les actes thérapeutiques et les problèmes pris en charge par les tradipraticiens[96]

Actions thérapeutiques / Problèmes	Plantes frottées sur le corps	Ingestion de plantes	Incisions *minsamba*	Emplâtre de plantes sur la tête	Soin non spécifique par plantes	Corne-ventouse et incisions	Charme préparé	Chant liturgique	Conseil	Référence pour régler le conflit	Référence à l'hôpital	Traitement à l'hôpital
Lésion (ou blessure) à la naissance	X										X	
Évanouissement		X										X
Gonflement des membres	X	X										
Suffocation	X									X	X	
Comportement étrange	X	X	X		X							X
Mal de tête				X								
Mariage incomplet								X				
« vers » dans les yeux	X	X	X									
Mumpompila				X								
Problème de tête (vertige)	X	X	X									
Folie *(Lauka)*		X										
Mauvais sang (« noir »)	X		X		X							
Vie de débauche	X		X		X	X						
Trop d'idées				X								
Envie dans le clan maternel	X						X			X		
Absence de bénédiction	X	X			X				X	X		
Cas « psychologique »	X	X			X				X	X		
Problèmes de clan	X	X	X									
Désir de se déplacer				X								

Source : Janzen (J. M.), La quête de la thérapie au Bas-Zaïre, Paris, Karthala, 1995, p. 218.

---

[96] Reproduit avec l'autorisation du Professeur J. M. Janzen.

Quand le viol mystique est dévoilé, la famille de la victime cherche à le faire attester par un *n'ganga n'kisi* (féticheur) ou par un *n'gunza* (prêtre ou pasteur). Celui-ci aura la charge de trouver, par des divinations, le coupable, de le confondre et d'organiser la thérapie avec le groupe social. Certains sorciers ont la capacité de se camoufler en empruntant le visage d'une autre personne. En cas de contestation du « viol mystique » par l'auteur présumé, on fait appel à un *n'ganga n'gombo*. C'est un devin qui a l'autorité reconnue de désigner, sans recours possible, « le violeur mystique ». C'est un juge d'appel.

La relation du corps avec les catégories sociales et naturelles dans le symbolisme cosmologique kôngo explique pourquoi la thérapie familiale comporte un processus de purification voire d'initiation qui s'appuie généralement sur l'ordre cosmologique. Ces dimensions de la société et du cosmos doivent être traitées avant qu'un individu ou un groupe puisse recouvrer la santé.

6. Déroulement de la thérapie

La thérapie familiale comporte un processus qui s'appuie généralement sur l'ordre cosmologique. Le travail thérapeutique consiste à expulser du corps de la victime le *malumi* (sperme) du *n'doki*.[97]

Les rites de guérison et de purification réunissent généralement tout le clan. Ils sont conduits par un *n'gunza* (prêtre ou prophète) souvent associé à un *n'ganga m'buka* (guérisseur tradititionnel) ou un *n'ganga n'kisi* (féticheur). L'intervention du *n'ganga* est indispensable pour remettre les choses en place, pour empêcher le chaos de s'installer et de nuire à l'harmonie entre le monde des vivants et celui invisible des *biba* (ancêtres).

Le cosmos Kôngo est partagé entre le monde visible des vivants et le monde invisible des ancêtres[98]. Les deux mondes sont reliés par les symboles du *masa* (eau), du *tsaba* (vin de palme), du *m'pemba* (kaolin) et du *tukula* (écorce rouge). Dans la tradition, le monde des ancêtres et des esprits est fréquemment symbolisé par le

---

[97] Le violeur, quel qu'il soit, est considéré comme un *n'doki*.
[98] Pour les Kôngo, la cité des Ancêtres ou des membres du clan qui sont morts est située dans l'eau ou dans la forêt. Dans l'eau, parce que cet élément symbolise l'autre monde ; dans la forêt parce que les villages kôngo se déplaçant régulièrement, leurs cimetières finissent toujours par être envahis par la forêt.

kaolin et mourir se dit souvent « aller à ce qui est blanc ». La blancheur confère un sens de légitimité, une justification de l'être, de libération et de purification, une source d'ordre social et de vérité.

Le *n'ganga* établit le diagnostic du *loka* (*loka* ou *looka* veut dire crier, maudire ou envoûter). Il réunit le groupe social pour la cérémonie du *fungula masumu* (confession, repentir collectif). Le prêtre et le guérisseur traditionnel soignent par la prière et les plantes. Ils organisent d'abord une psychothérapie en faisant parler le malade et sa famille, parfois devant d'autres malades. Leur confession est aussi anxiolytique en elle-même. Les conditions de la thérapie favorisent aussi les relations. L'ambiance socio-thérapeutique sécurise le groupe qui devient plus réceptif à la psychothérapie, c'est-à-dire à des entretiens psychologiques, individuels ou en groupe.

Le féticheur utilise d'abord le surnaturel pour combattre le mal. Il ordonne souvent une série de sacrifices rituels et expiatoires. En veillant sur le « malade », il exerce surtout un maternage, sorte de retraite thérapeutique de soutien, sécurisante, généralement efficace pour liquider la plupart des angoisses.

Les féticheurs « connaissent » le fonctionnement des forces qui maintiennent la cohésion du monde. Ils savent comment agissent les « forces occultes ». Ils ont appris à utiliser les plantes et les herbes de la médecine traditionnelle. Ils sont donc les mieux placés pour soigner les victimes sur le double plan symbolique et médical.

Pendant la cérémonie les couleurs dominant sont le kaolin, symbole de la pureté, de la sérénité de l'au-delà, de la mort et du deuil ; le rouge symbole du danger, de la lutte contre la mauvais esprits, du statut marginal et des limites ; le noir symbole du chaos, de la culpabilité et de la sorcellerie.

Les rites de guérison consistent en une suite de cérémonies, tels que des aspersions (Figure 1), des bains purificatoires, des onctions, l'isolement, l'imposition des mains, des incantations et des prières, instillation dans les yeux et absorption de potions. Les séances sont ponctuées de *n'saki* (claquement de mains sec) ou de *makunku* (claquement de mains sourd), de chants, de rythmes au son des *n'sakala* (maracas), *n'gongi* (claves) et *n'goma* (tam-tam), de danses, d'incantations et de sacrifices accompagnés de vin de palme versé sur la tombe des ancêtres du clan, au centre et aux quatre coins de la concession familiale ou, à défaut, dans un vase rempli de terre symbolisant cette concession si la cérémonie se déroule ailleurs. Le vin de palme sert à écarter la malédiction, à calmer les esprits des ancêtres et à leur faire accepter le processus de purification.[99]

Figure 1
Exorcisme, chasse aux sorciers[100]

Source : Binia Binalbe, in Hochegger (H.), « Le langage des gestes rituels », Ceeba II, 66-68.

Le rituel obéit à des règles précises qui régissent l'association des plantes et des symboles. Celles-ci sont dérivées de la cosmologie en oeuvre dans les cérémonies, les mythes et la société kôngo. C'est pour une grande part, un héritage du Lemba, culte qui

---

[99] Ce sujet, voir les études du Centre d'études ethnographiques de Bandundu (CEEBA) au Congo démocratique, notamment les publications du Professeur Hermann Hochegger. Egalement : Hagenbucher-Sacripanti (F.), « Note sur la signification du Cinkoko dans la représentation culturelle de la maladie (Sud-Congo) », in Cahiers ORSTOM, Série Sciences Humaines, vol. XIX, n° 2, 1983, pp. 203-218 ; Hagenbucher-Sacripanti (F.), « La représentation culturelle traditionnelle de la trypanosomiase dans le Niari », in Cahiers ORSTOM, Série Sciences Humaines; vol. XVIII, n° 4, 1981-1982, pp. 445-473.
[100] Reproduite avec l'autorisation du Professeur Herman Hochegger du Ceeba.

s'est pratiquée du début du 18ème jusqu'au début du 20ème siècle sur le territoire correspondant approximativement à celui de l'ancien Royaume du Kongo.[101]

L'utilisation des proverbes, les chants, le parcours rituel entre le village (ou de la concession familiale) et la rivière, font naître et développent un espace sacré dans lequel l'eau, la forêt et le mystique contrastent avec la terre, la savane, le village (ou la concession familiale) et le temporel.

Au début de la cérémonie, le groupe social entonne un chant adressé à Dieu et aux ancêtres. A la clôture, le chant final s'adresse à la victime et à sa famille pour les soutenir dans leur malheur. La victime et son groupe social sont considérés comme des malades.

Chant wala[102]

Parole kôngo	Traduction
Wala Tata Wala	Ecoutes la voie Homme
Nzambi a Mpungu	C'est le Tout Puissant
Zololo boo	Qui le veut
Wala Tata Wala	Ecoutes la Voie Homme
Bu ndinga ndoki	Si tu cherches un sorcier
Ndoki ni gue beni	Le sorcier c'est toi-même

---

[101] Selon J.M. Janzen, « le rituel Lemba remplissait de multiples fonctions dans la société Kongo, alors en pleine transformation sous l'impact de l'entrée massive et violente du commerce et des idées d'Europe. Sa fonction principale était de maintenir une régulation sociale, qui s'exerça pendant au moins trois siècles à travers la mise en place d'un réseau de contrôle du commerce, à travers le développement de liens matrimoniaux entre des individus appartenant à différents groupes le long des routes commerciales et par le biais d'une institution rituelle qui permettait à l'élite régionale d'exercer son pouvoir dans le cadre des croyances traditionnelles », in Janzen (J. M.), « De l'ancienneté de l'usage des psychotropes en Afrique centrale », in Psychotropes, vol. 1, 1983, pp. 105-107 ; Egalement, Janzen (J. M.), Lemba 1650-1930 : A Drum of Affliction, in Africa and the New World, New York, Garland Publishing Inc., 1982.

[102] Reproduction avec l'autorisation de Faustin N'Zongo Soul. Voir également Matokot (D.), La musique congolaise de la fin du 20ème siècle. Du soukous à l'hélico, in Congo 2000. Etats des lieux, Paris, L'Harmattan, 2001, pp. 217-242.

Les textes désignent souvent l'homme comme cause de son propre malheur (voir chant ci-dessous). Il est coupable d'avoir provoqué un déséquilibre dans la relation avec son environnement immédiat (sa parenté, ses amis, son lignage, etc.) mais surtout avec l'univers invisible des ancêtres et des forces parfois bénéfiques, parfois dangereuses, le plus souvent ambivalentes.

La musique et la danse sont utilisées dans le rituel de purification pour libérer les émotions, pour éliminer les tensions, la peur, les anxiétés, la colère, etc. A travers la danse et le chant, la victime cherche à se reconstituer pour se remettre en harmonie avec son groupe social, avec ses ancêtres, avec son environnement. Cette thérapie permet de retrouver l'équilibre du corps et de l'esprit, d'accepter son corps. L'acceptation du corps contribue à recouvrer un sentiment de sécurité intérieure, une fierté d'exister, une appartenance sociale car la purification est une réintégration dans le lignage et une réconciliation avec les ancêtres.

Tout au long de la cérémonie qui peut durer plusieurs jours, on fait appel à des allégories grâce aux jeux de mots (allitération) sur les noms de plantes ou des animaux. Comme le souligne Janzen, chaque espèce utilisée a une signification bien précise :
- *n'lolo* (une plante à fruit) signifie en réalité *loloka* c'est-à-dire pardonner, enlever la malédiction ;
- *m'filu* signifie *fidimika* c'est-à-dire éclairer ;
- *lemba lemba* signifie *lembeka* c'est-à-dire apaiser.

Après que le malade et ses proches aient expérimenté la douleur, la tension, la colère et l'accusation, la purification expurge la « souillure ». Après le bain purificatoire, la victime se dépouille de ses vêtements qu'elle ne portera plus jamais pour marquer la rupture avec l'état de souillure. Elle met un nouvel habit pour symboliser une nouvelle naissance. Ensuite la victime et ses proches sont enduits de kaolin, signe de purification. Le tracé rituel de l'argile blanche se fait comme le montre la figure 2. « On enduit les sourcils, les tempes, les épaules et la poitrine, puis des lignes sont tracées du nombril à la poitrine et du nombril jusqu'autour des hanches, le long des jambes et autour des chevilles »[103].

---

[103] Laman (KE), « The Kongo II », in Uppsala, Studia Ethnographica Upsaliensia XIII, 1962, cité par John. M. Janzen, op. cit. p. 175.

Figure 2
Tracé rituel de l'argile blanche

Source : Reproduit avec l'autorisation de Janzen (J. M.), La quête de la thérapie au Bas-Zaïre, Paris, Karthala, 1995, p. 175.

La purification peut s'accompagner de protection de la victime, de prévention du retour éventuel du *violeur mystique*, et d'une contre-attaque. Le féticheur confectionne des fétiches à porter. Par des scarifications (*n'samba*) au bas ventre et sur les cuisses il fait passer le *n'kisi*[104] dans le corps du malade. Il lui masse le corps avec le *futu* (bourse en raphia) contenant une mixture faite de plantes, de minéraux voire d'insectes, le tout écrasé et mélangé à la pulpe de noix de palme. Le féticheur tend ensuite des « pièges mystiques » dans la concession et la maison familiales. Eventuellement il organise la contre-attaque avec des « moyens mystiques » (fusil ou flèche mystique) ou en jetant un sort sur le coupable.

---

[104] Terme générique désignant un traitement, un fétiche ou une initiation. « Le pouvoir spécial des *n'ganga* vient d'un objet chargé de forces, les *n'kisi*. Il s'agit le plus souvent d'une sculture de forme humaine à qui le *n'ganga* rend un culte particulier. Mais les forces du *n'kisi* ne possèdent qu'une éfficité limitée : elles ne s'exercent que dans un domaine précis et peuvent être battues en brèche par celles d'un *n'kisi* plus puissant », cf. Vincent (J. F.), « Le mouvement Croix-Koma : une nouvelle forme de lutte contre la sorcellerie en pays Kongo », in Cahiers d'Etudes Africaines, n° 24, vol. VI, 1966, p. 530.

La cérémonie de purification se termine par un *salaka* (festin) auquel prennent part toute la famille et des associés. Une partie du repas est prélevée pour servir d'offrandes aux ancêtres.

La purification est un aspect central de la thérapie. Chaque fois qu'un individu ou un groupe d'individus est touché par un malheur et se trouve confronté à des problèmes qui le dépassent, les parents maternels et paternels, éventuellement les amis et les associés s'unissent dans le but d'apporter un support moral, de prendre les décisions qui s'imposent et de mettre au point le processus de la thérapie.

Après cette étape importante, s'ouvre pour le corps souffrant une nouvelle vie. Les femmes victimes des violences sexuelles rencontrées chez les Matswanistes et au Centre Pentecôtiste du prophète Isaïe paraissaient totalement transformées après avoir accompli le parcours de purification traditionnelle. Elles ont dit se sentir mieux. Elles semblaient avoir retrouvé goût à la vie après les terribles épreuves qu'elles avaient traversées. Elles ont commencé à entrevoir des projets sur leur avenir.

Très souvent, le processus continue en faisant appel à des pratiques de guérison à caractère religieux.

C. La religion et les sectes dans la thérapie

Le sens de la vie est une question qui a surgi brutalement dans une population ébranlée par le déchaînement de la violence politique. Déjà au cours des années 1980, la faillite du système politique à répondre aux exigences de bien-être de la population, les humiliations et les frustrations, etc., avaient poussé les Congolais à chercher un refuge dans la religiosité. Déconcertés par le bouleversement qui a suivi la fin des années 1980 et épuisés par les sacrifices imposés par la résistance à toutes sortes de difficultés auxquelles les institutions ne pouvaient plus donner de réponse[105], beaucoup de congolais se sont tournées vers la « prière »[106]. Les

---

[105] En 1977-1979, pour faire accepter les sacrifices aux Congolais, le pouvoir lance le slogan « Vivre durement aujourd'hui pour mieux vivre demain ». C'est l'époque de la « VDA ».
[106] On a longtemps pensé que la modernisation et l'urbanisation avaient favorisé l'éclatement des traditions ancestrales. Mais, la résurgence des pratiques religieuses et mystiques montre que l'instruction généralisée, l'évangélisation, la

religions instituées ont tenté de canaliser cette quête de Dieu par la mise en place de groupe de prières.

La religion et la santé

L'investissement du champ de la thérapie par la religion et les sectes guérisseuses ou initiatiques n'est pas nouveau. En réalité, le lien entre la religion et la santé est aussi vieux que la présence de l'homme sur terre. Le phénomène touche tous les pays sur tous les continents.

En effet, à partir de la lecture d'un certain nombre d'auteurs, Régis Dericquebourg montre que dans l'antiquité grecque, les soins étaient placés sous les auspices d'Asclépios, dieu de la médecine, devenu Esculape chez les Romains. La liaison entre les soins et le sacré est traduite au plan sémantique. *Therapneuma* en grec ancien, signifie à la fois culte de la divinité, soin du corps, remède et marque d'égard. Le *therapeutès* est celui qui prend soin, à la fois serviteur d'un dieu (préposé à un sanctuaire) et soucieux du corps (celui des malades accourus en pèlerinage en ce lieu consacré).

Sans se réduire, et de loin à une simple religion thérapeutique, le christianisme a toujours eu le souci des malades. Les catholiques ont fondé des hôpitaux et des ordres soignants. Le pèlerinage de Lourdes (France), de Fatima (Portugal), de Cassia (Italie) et les messes pour les malades font partie du catholicisme. On trouve l'exemple d'une préoccupation de la santé dans la mission de guérison du Frère André de la Congrégation de la Sainte-Croix à Montréal (1845-1937)[107] et dans les dévotions populaires comme les médailles et la vénération des saints guérisseurs.

En Afrique centrale, pendant la période coloniale, les missionnaires ont conduit de front l'œuvre d'évangélisation et la construction des centres de santé pour les populations locales. On peut citer quelques exemples : au Gabon, Albert Schweitzer,

---

médecine moderne, etc., introduites sous la colonisation, développées pendant les deux premières décennies de l'indépendance et en déconstruction depuis les années 1980, n'ont pas bouleversé les croyances et traditions fondamentales de la société.

[107] La mission de guérison du Frère André (1845-1937) a engendré le pèlerinage de l'Oratoire Saint-Joseph à Montréal. A ce sujet, cf. : Hatch (A.), *Le Miracle de la Montagne*, Paris, Fayard, 1959 ; également Catta (E), *Le Frère André et l'Oratoire Saint Joseph du Mont-Royal*, Montréal, Fides, 1965.

théologien protestant, musicologue et médecin, symbole du « *colonialisme à visage humain* »[108], consacra sa vie à prêcher la bonne parole en soignant les malades à l'hôpital de Lambaréné qu'il fonda, ce qui lui valut le Prix Nobel de la paix en 1952 ; au Congo Brazzaville, les Salutistes ont fondé des dispensaires à Brazzaville, les Sœurs catholiques l'Hôpital de Lounzolo dans la Région du Pool ; enfin, au Congo démocratique, les protestants ont créé l'Institut Médical Evangélique (IME) de Kimpese, l'Hôpital de la *Svenska Missions-forbundet* (SMF) de Kibunzi et des dispensaires dans de nombreuses localités du Manianga dans le Bas-Congo. Après la colonisation, la plupart des Eglises africaines nées de part et d'autre du fleuve Congo mènent leurs activités en combinant leur mission prophétique avec une mission thérapeutique (médecine moderne, rites de guérison et de purification), voire, le développement économique et social. C'est le cas de l'Eglise de Jésus-Christ sur Terre par le Prophète Simon Kimbangu (EJCSK) appelée également Eglise Kimbanguiste.

Les catholiques et les protestants ont également des groupes charismatiques. Comme le souligne René Laurentin, « la restauration de la fonction thérapeutique chez ces derniers n'est pas une fantaisie de la mode rétro. Elle serait un retour aux sources de l'Écriture et de la Tradition. Il ne s'agirait pas d'un don extraordinaire mais d'une aptitude " ordinaire faisant normalement partie de la vie de toute communauté chrétienne ". Le Pape a rappelé récemment l'importance de l'onction des malades. »[109]

Les pasteurs protestants imposent les mains aux malades pendant les prières de guérison. Dans les chapelles orthodoxes et les sanctuaires catholiques en Italie (par exemple *Tre Fontane* et *Divine Amore* à Rome), il est courant de voir des objets déposés par des croyants en témoignage de guérison.

Dans certaines sociétés traditionnelles de l'Asie septentrionale, d'Amérique, etc., le chaman, après avoir atteint l'extase, se rend aux enfers pour arracher l'âme du malade aux esprits et aux démons. Il la réincorpore ensuite dans le patient car la maladie est

---

[108] Le Petit Larousse illustré 2002, Paris, Larousse, p. 1668.
[109] Le pape a recommandé récemment l'onction des malades en ces termes « Dans le sacrement de l'onction, il y a une force qui développe le courage et la capacité de résistance du malade. Elle produit la guérison spirituelle, libère le malade de ses fautes et elle lui obtient le salut. »

considérée comme une perte d'âme. La cure du chaman passe donc par un contact avec le surnaturel ; c'est une pratique magico-religieuse. D'autres traditions asiatiques (le bouddhisme et l'hindouisme) proposent une extinction des souffrances et développent une médecine liée à leurs croyances. Enfin, les Églises indépendantes africaines qui ont la plus large audience « sont celles qui ont créé en leur sein une fonction de thérapeute religieux, lequel est le plus souvent un sorcier converti au christianisme qui intercède auprès de Dieu au lieu de recourir à l'esprit des ancêtres. »[110]

D'un point de vue global, il est possible que les religions contribuent au mieux-être psychologique et à l'amélioration de la santé des fidèles. Pour Freud, « ce sont des " briseurs de soucis ", au même titre que les sédations diverses que l'homme utilise pour affronter la cruauté du destin et se dédommager des souffrances et des privations que la civilisation lui impose afin de rendre possible la vie en commun, même si, pour le fondateur de la psychanalyse, elles n'y parviennent qu'imparfaitement. »[111].

Des auteurs affirment que l'adhésion à un groupe religieux minoritaire peut avoir des effets thérapeutiques. Ainsi Richardson constate « les vertus thérapeutiques indirectes des religions minoritaires. Il s'appuie sur plusieurs études d'adeptes fondées sur des tests de personnalité. Richardson, Simmonds et Harder montrent que beaucoup d'adeptes du " Jesus Movement " qui avaient consommé des drogues dures, qui avaient abusé d'alcool ou qui avaient eu une vie sexuelle dissolue avaient abandonné les toxiques, avaient trouvé un emploi et s'étaient rangés. Les auteurs décrivent les communautés du " Jesus Movement " comme des groupes de guérison, de réhabilitation et de réintégration sociales. Nordquist est parvenu à des conclusions semblables en étudiant le " Ananda Cooperative Village " d'inspiration orientale. On trouve les mêmes constatations chez Galanter à propos du moonisme et de la Mission de la Lumière Divine. Pour ce psychiatre, l'affiliation à ces groupes produit une " réponse thérapeutique apparente ". Kuner, qui a étudié les Enfants de Dieu, la Ananda Marga et les

---

[110] Oosthuizen (G. C.), *The Healer Prophet In Afro-Christian Churches*, Leiden, E. J. Brill, 1992.
[111] Freud (S.), *L'avenir d'une illusion*, Paris, PUF, 1971, p. 25.

Moonistes, en Allemagne, conclut que les nouveaux mouvements religieux s'avèrent être des groupes assez thérapeutiques et/ou resocialisants. Le travail de Nicholi (1974) sur des groupes bibliques corrobore ces vues. »[112]

Si certaines religions ont pour but principal le traitement spirituel des maladies, d'autres par contre font passer au premier plan la dimension thérapeutique proprement dite.

Se référant à G. Balandier, Buakasa Tulu Kia Mpansu, J. Van Wing, etc., René Devisch montre que « les cultes de guérison font partie de traditions translignagères et interrégionales dans l'aire culturelle bantoue : ils partagent de nombreux traits avec leur équivalent koongo, luunda ou tchokwe. »[113] Pour John M. Janzen, « certains cultes se sont répandus du Cameroun à travers le Congo, l'Ouest du Congo-Zaïre et l'Angola jusqu'en Namibie, ou encore à travers la République Centrafricaine, le Kenya, l'est du Congo-Zaïre, la Tanzanie, la Zambie jusqu'au Botswana. »[114]

Les sectes guérisseuses ou initiatiques, les pratiques religieuses à caractère thérapeutique ne sont donc pas nées avec la crise économique et l'irruption de la violence politique radicale dans le champ social. Cependant, les guerres civiles en détruisant tous les repères ont créé un terreau favorable à la prolifération des pratiques religieuses notamment celles des églises dites de réveil et des sectes thérapeutiques. Cette prolifération est une réaction face à une perte d'identité perceptible surtout en milieu urbain. C'est une réponse à une demande sociale consécutive à l'amplification des

---

[112] Richardson (J. T.), Psychological and Psychiatric Studies of New Religions, in *Advances In Psychology of Religion,* Brown (L. B.) (ed.), Oxford, Pergamon Press, 1985. Voir aussi Argyle (M.) and Hallami (B.), *Psychology of Religion,* Londres and Boston, Routledge and Kegan Paul, 1975, chap. 8. Voir également Richardson (J. T.), « Brainwashing and Minority Religious Outside the United States : Cultural Diffusion of a Questionable Concept in the Legal Arena », *Brigham Young University Law Review,* vol. 1996, ndeg.4, 879-880.

[113] Balandier (G.), *Au royaume de Kongo du XVIe au XVIIIe siècle,* Paris, Hachette, 1965 ; Buakasa Tulu Kia Mpansu, *L'impensé du discours – Kindoki et nkisi en pays kongo du Zaïre,* Kinshasa, Presses universitaires du Zaïre, 1973; 85;

[114] Janzen (J. M.), *Lemba 1650-1930 – A dream of affliction in Africa and the New World,* New York, Garland, 1982 ; Janzen (J. M.), Ngoma : *Discourses of Healing in Central and Southern Africa,* Berkeley, University of California Press, 1992. Cité par René Devisch

situations d'anomie et à l'émergence d'une meilleure adaptation à l'adversité.[115]

Les Eglises et les sectes se positionnent désormais comme un rempart contre la destruction sociale. Ce sont des institutions de rééquilibrage et de contrôle social. Elles renvoient la solution des problèmes dans la sphère des règlements symboliques individuels et collectifs en cherchant à répondre à plusieurs fonctions : réorganiser l'équilibre des forces spirituelles, assurer par le culte des ancêtres la continuité du phylum social en relation avec la filiation clanique, satisfaire des besoins matériels tels que richesse, santé et paix pour soi, sa famille et son groupe, multiplier les contacts avec les ancêtres, s'attirer les bénédictions divines.

« La restauration de certains repères particulièrement au plan ethnique et national ainsi que la préservation de l'équilibre physiologique et moral des individus et des groupes comptent parmi les buts fondamentaux de ces entreprises de recomposition du mythe qui affirment, dans le même temps, vouloir faire émerger non seulement une conscience africaine mais encore une fraternité transculturelle et universelle. »[116] En ce sens, c'est une tentative collective d'accroissement des capacités de résistance aux nouvelles formes du malheur, à l'anéantissement.

Les institutions dont il est question sont des organisations d'essence religieuse[117], des mouvements qui abusent de références religieuses empruntées à la tradition chrétienne, des groupuscules appartenant à la « voie de salut séculière » selon l'expression d'André Piette[118] et dont les principales caractéristiques sont le refus de toute instance centralisatrice, l'absence de frontières

---

[115] Hagenbucher-Sacripanti (F.), « Introduction à l'étude des techniques de discours dans une secte thérapeutique du Congo méridional », in Cahiers des Sciences Humaines, vol. 29, n° 1, 1993, p.73.
[116] Hagencucher-Sacripanti (F.), op. cit., p. 74.
[117] La religion étant définie comme un système de croyances et de pratiques se rapportant à des réalités, êtres, entités ou forces supra-empiriques en relation avec l'homme par des moyens symboliques (prière, rite, médiation) et donnant lieu à des formes communautaires.
[118] Piette (A.), *Les religiosités séculières*, Paris, PUF, 1993.

claires et précises, la perméabilité à plusieurs types de systèmes symboliques, etc.[119]

Toutes ces organisations ont un point commun : elles proposent une thérapie par la prière pour obtenir la guérison du corps souffrant (corps physique et corps social).

La thérapie par la prière

Selon André Julliard, la thérapie par la prière ne se différencie pas des autres techniques médicales. De même que pour les médecines végétales (pharmacopée, homéopathie), techniques (reboutage et autres praxies) et voire universitaires, la guérison par la prière perçoit la maladie comme une force extérieure qui réside dans l'environnement attaché à l'homme. Celle-ci agresse le corps lorsqu'il se présente en défaut de protection, c'est-à-dire lorsqu'il commet une faute par rapport aux règles sur la santé, l'hygiène, l'alimentation, la sexualité, etc. Elle se répand dans l'organisme à partir des symptômes visibles. A terme, cette force dont l'intensité se mesure à la géographie corporelle des symptômes, à leur degré de persistance ou encore aux effets somatiques de sa progression dans le corps humain, menace la victime de mort biologique. La thérapie consiste à la refouler hors du corps en nettoyant en quelque sorte à rebours le chemin organique qu'elle a parcouru. En conséquence, si elle n'est pas à proprement parler un exorcisme puisqu'il n'y a pas d'entité ayant pris possession de la victime, elle peut être classée dans « les thérapies par lavage » dont les tisanes et macération sont les techniques les plus représentatives.

La prière procède également à cette expulsion en recourant aux puissances divines et à la force des mots. « Le guérisseur bouscule, maltraite, et bourre le mal hors des patients par les jeux de rimes, d'assonances, de répétitions, d'arithmétique, de couleurs et d'analogies ».[120] Il utilise de nouvelles formes d'expression : chants rythmés, tambours, danse, offrandes en nature, transe ou extase, envolées lyriques autour de la bible, mises en scène de

---

[119] Rocchi (V.), « L'astro-thérapie exemple d'une alliance psycho-religieuse au sein d'une voie séculière », in Marges contemporaines de la religion, Religiologiques, n° 18, Automne 1998.
[120] Julliard (A.), « Dons et attitudes religieuses chez les leveurs de maux en France, (1970-1990) », in Marges contemporaines de la religion, Religiologiques, n° 18, Automne 1998.

psychodrames, pouvoir magico-religieux des symboles (croix, eau bénite, images des saints, rosaire, etc.).

La situation au Congo

Les Eglises instituées, qui jusque là ne s'occupaient que de soigner l'esprit et préparer pour l'Au-delà, ont intégré dans leurs pratiques et leurs discours la logique de l'unité du corps et de l'esprit et la reconnaissance d'un « corps souffrant » (corps physique comme corps social) persécuté par le mal dont il faut le débarrasser. Par ailleurs, elles encouragent la création de multiples groupes de prière autour d'un chef charismatique pouvant animer des séances de prière collective ou des séances de guérison.

En période de conflit, ces mutations semblent répondre à une demande sociale accrue et qui sollicite plus de fraternité et de solidarité. Les séances publiques de prière et de guérison se multiplient, drainant des foules immenses. Tous ces mouvements mettent au centre de leurs préoccupations la guérison, l'entraide et l'assistance de toute nature.

Selon Marc Eric Gruenais, chez les protestants, « le traitement religieux du corps souffrant date de 1947 avec l'intégration des manifestations des charismes à l'africaine (transes et extases) dans les cérémonies de prières et les actes de guérison. La transe (appelée ensuite pudiquement extase pour garder une certaine conformité avec la vision occidentale de certaines manifestations du sentiment religieux) fut admise comme une expression de la ferveur. Les conversions vont se multiplier grâce à cette stratégie qui sera ensuite baptisée de Réveil charismatique ou Réveil de l'Eglise protestante toute entière qui va conquérir de nouveaux espaces géographiques et spirituels. Le réveil ou le renouveau spirituel adopte dès 1948 l'utilisation des plantes médicinales traditionnelles dans la guérison des malades. »[121]

Mayangui au Plateau des 15 ans à Brazzaville est un centre reconnu par l'Union des tradipraticiens comme lieu où on soigne toutes les maladies par les plantes et par la prière.

Les mouvements syncrétiques comme le Kibanguisme et le Lassysme, combinent le message divin (à travers la bible) et de la

---

[121] Cité par Poaty (J. P.), *Religions, crise et guérison en Afrique*, Document non publié, Paris, février 1993.

guérison. Se référant à l'appel du Christ qui demande à ses Apôtres de parcourir le monde en prêchant la parole de Dieu et en soignant les malades, les Eglises syncrétiques installent près de leurs temples un lieu d'accueil des malades. Les Pentecôtistes, les Matswanistes, les Kibanguistes, l'Eglise du Prophète Lassy Zéphyrin, Louzolo Amour ont leur centre de soins.

L'Eglise catholique romaine a multiplié le nombre d'exorcistes, de spécialistes en guérison et protection diverse ainsi que les groupes d'entraide comme pour répondre à une demande sociale devenue incontournable[122]. En 1973, le père Durand introduit la guérison au sein de la pratique religieuse catholique à Brazzaville. Le mouvement du renouveau charismatique est né. Il gagne toutes les paroisses de la ville. Ces groupes organisent des séances de prière et de guérison des malades à l'Eglise ou chez les malades avec l'imposition des mains, l'aspersion d'eau bénite, les prières et l'organisation de transes et extases. Le Renouveau charismatique, en rapprochant l'Eglise du patient et du fidèle, connaît un succès qui se traduit par un regain de conversions et de ferveur[123].

D. Le travail thérapeutique de la famille auprès de l'enfant victime de violences sexuelles

S'agissant particulièrement de l'enfant, l'attitude thérapeutique de la famille consiste essentiellement à l'écouter, à l'aider à réinscrire les drames de sa propre histoire dans un cadre collectif et/ou individuel qui lui permet de structurer un système de sens et de valeurs. La démarche familiale consiste à accorder une importance particulière à l'histoire, au lien social, au système de valeurs, aux représentations, etc. Il faut aider l'enfant à parler et non lui demander d'oublier. De tels propos ne peuvent que l'enfermer dans le silence et empêcher sa reconstruction.

Le devenir de l'enfant traumatisé est étroitement lié à son environnement. Ce dernier dépend de ce que l'enfant a pu créer lui-même avec son stade de développement, ses moyens de fantasmer des issues différentes de celles effectivement vécues, ses capacités (des difficultés cognitives ou psycho-pathologiques antérieures

---

[122] Cette de la fonction thérapeutique n'est qu'un retour aux sources de l'Ecriture et de la Tradition.
[123] Poaty (J. P.), op. cit.

compliqueront la possibilité de trouver les réponses adéquates aux peurs qui ont surgi), son histoire (le passé, les autres situations intéressantes ou traumatisantes), son tempérament.

La situation de l'enfant dépend surtout de l'état psychologique de ses parents. La guerre est déjà un traumatisme pour tous. Les parents perturbés par des difficultés psychologiques ou des pertes brutales peuvent vivre le choc de leur enfant comme une réactivation de leur propre traumatisme, ce qui peut les paralyser et les empêcher de développer des attitudes adéquates de réceptivité et de protection envers leur enfant. Cette situation peut compliquer le traumatisme de l'enfant et engendrer des troubles secondaires.

Le travail thérapeutique consiste à trouver, ensemble, avec l'enfant, des réponses plus constructives aux questions qu'il se pose, en créant des projets d'avenir positif pour lui. Le milieu familial doit favoriser les mécanismes de rétablissement du traumatisme et agir comme stimulation des potentiels créatifs de l'enfant. La famille doit contribuer à l'atténuation des effets négatifs des expériences de la guerre. Pour cela, elle doit créer un climat qui permet à l'enfant de restaurer l'image d'un monde dans lequel il retrouvera confiance.

L'analyse menée dans ce chapitre montre que les itinéraires thérapeutiques des victimes de violence sexuelle et de leur groupe social sont variés et très complexes. Elle montre surtout la vitalité de la tradition pour prendre en charge des situations nouvelles. Mais, la juxtaposition de thérapies n'est-elle pas susceptible de créer des conflits, particulièrement dans l'approche de la maladie et donc de son traitement ? On sait que la médecine occidentale moderne a tendance à soigner le malade et lui-seul, alors que la thérapie traditionnelle s'intéresse au malade et à son groupe social. La thérapie traditionnelle considère que la maladie et ses symptômes ne peuvent être compris et traités qu'en tenant compte de l'environnement culturel du malade.

E. Thérapie occidentale moderne versus thérapie traditionnelle : rivalité ou complémentarité ?

Quelques enseignements peuvent être tirés de ce qui précède. Contrairement à ce qui a été tenté dans certains pays en Afrique occidentale, il n'y a pas collaboration entre la médecine moderne et la médecine traditionnelle au Congo. L'introduction de la médecine traditionnelle et sa pharmacopée dans les soins hospitaliers est restée au niveau de simple intention. Elle ne correspond pas à une nécessité politique.

La médecine traditionnelle est reconnue par la population comme une richesse. Les guérisseurs traditionnels jouissent d'une notoriété incontestable. Pour les familles, l'hôpital ne représente qu'une parenthèse dans le processus de soins. Le traitement véritable se fait chez le guérisseur, auprès des églises et des sectes guérisseuses, comme il a été souligné supra. Les praticiens hospitaliers doivent plutôt chercher à intégrer les réseaux traditionnels de soins pour ne pas perdre le contact avec les malades et s'enrichir du savoir de la médecine traditionnelle.

La marginalisation des thérapies traditionnelles est un héritage de la colonisation. Dès leur arrivée, les missionnaires chrétiens ont jeté l'anathème sur les traditions ancestrales. Boire du *tsamba* (vin de palme) ou danser au son des *n'goma* (tam-tam) sont assimilés à du paganisme, à des actes sataniques. Le *n'ganga* est considéré comme un suppôt de Satan. C'est pourquoi l'administration coloniale a cherché à interdire voire détruire tout ce qui ne correspondait pas à la culture judéo-chrétienne.

Le paganisme est une notion inexistante dans la culture Kôngo pré-coloniale. Le mot « satana » n'apparaît dans le lexique Kôngo qu'avec l'arrivée des premiers missionnaires pour désigner le chefs des démons, le prince du Mal. Les thérapies occidentales ne prenant pas en compte la mentalité et la conception du monde des Kôngo, les malades et leurs familles préfèrent consulter un *n'ganga* ou un *n'ganga n'zambi*.

La collaboration entre la thérapie traditionnelle et la médecine occidentale moderne implique de la part de cette dernière une plus grande considération de l'héritage socioculturel, des croyances, des attitudes, des remèdes et des représentations collectives de la maladie de la société traditionnelle.

Cette collaboration a été mise en œuvre dans plusieurs pays africains. Au Mali, c'est à partir de 1981[124] que de nouvelles

---

[124] Baba Koumare, *Médecine traditionnelle ressources communautaires et psychiatrie au Mali*, Bamako, Programme national de santé national, Hôpital national du Point G.

initiatives apparaîtront pour élaborer un programme de santé mentale s'appuyant sur un socle communautaire. L'approche thérapeutique initiale occultait toute perspective de réinsertion sociale véritable, et contribuait à créer une atmosphère de léthargie et d'inertie. L'hôpital était devenu le seul lieu de vie possible pour les patients, ce qui les menait ainsi vers une mort sociale, voire vers une mort tout court.

Parmi les objectifs du programme de santé mentale, il s'agissait de rapprocher les lieux de soins des lieux de vie des patients et d'encourager la fréquentation des structures de soins. Le programme devait réapprendre aux malades les règles de sociabilité et les aptitudes de la vie quotidienne, mettre en place, à partir du séjour du malade chez le tradipraticien, une structure intermédiaire servant de relais vers la resocialisation des patients dans leur milieu et prévenir la désocialisation des malades mentaux.

Le programme du Mali fait référence à deux modes d'approche de la réadaptation psychosociale. Il s'agit d'abord de promouvoir les qualités personnelles relationnelles et sociales jugées nécessaires à l'adaptation. Ensuite, il faut accorder une place de choix au patient dans l'espace social et culturel.

Ce programme s'est inspiré de deux expériences, l'une réalisée à l'Hôpital de Fann à Dakar (Sénégal) par Henri Collomb[125] et l'autre au Niger conduite par Thomas Lambo[126].

Collomb et Lambo mettent l'accent sur l'importance et le rôle du village d'accueil du tradipraticien et l'utilisation d'une technique d'animation traditionnelle renvoyant au psychodrame. Le village comme lieu thérapeutique est le milieu de vie le plus familier au patient. En effet, le cadre rural et familier qu'on y trouve permet au tradipraticien d'attribuer au patient une fonction sociale authentique et revalorisante. Ce cadre offre également au patient la possibilité de réacquérir les aptitudes sociales, tout en favorisant le réapprentissage des règles et des valeurs admises par la communauté.

---

[125] Collomb (H.), *Villages psychiatriques en Afrique*, 4th International Conference of Social Science and Medecine, Elsinor, August, 1974.
[126] Lambo (T. A.), *Medical care in developing Countries*, London, Oxford University Press, 1966.

Le village d'accueil génère non seulement le rétablissement des liens sociaux et la réinsertion, mais aussi l'émergence du désir individuel du patient.

Cependant, si le tradipraticien apparaît comme un des acteurs-clés dans le cadre de la santé mentale, son domaine de compétence ne couvre plus toutes les demandes générées par les mutations et les violences sociales.

Comme le souligne Baba Koumaré « La médecine traditionnelle n'est pas une panacée, mais elle dispose d'immenses ressources au plan humain, matériel et technologique qu'elle puise dans la communauté. C'est une véritable richesse quand les préjugés et les idées reçues céderont le pas à un réel désir d'établir avec les thérapeutes traditionnels une relation de confraternité, dans une perspective de partenariat, et non de hiérarchie et de domination. »[127]

Cette collaboration laisse entrevoir les possibilités nouvelles quant à la mise en place de lieux thérapeutiques spécifiques à la santé mentale au Congo.

---

[127] Baba Koumaré, « Médecine traditionnelle, ressources communautaires et psychiatrie au Mali », in Pouvoir de sorcier. Pouvoir de médecin. Question de thérapie, Premier colloque international d'ethnopsychiatrie, Nouvelle Revue d'Ethnopsychiatrie, n° 29, Paris, La Pensée sauvage, 1995, p. 17.

Chapitre VI

CONSIDERATIONS JURIDIQUES SUR LES VIOLENCES SEXUELLES PENDANT LES CONFLITS ARMES AU CONGO

Pour qualifier les violences sexuelles commis à l'égard des femmes pendant les conflits armés au Congo, il est important et même nécessaire de faire référence au droit congolais d'une part et d'autre part au droit international applicable en matière des droits de l'homme. C'est à la lumière des interprétations qu'ils suggèrent que le droit applicable au viol et à la violence sexuelle contre les femmes à des fins politiques pourra être correctement analysé.

A. Le caractère massif et systématique des viols pendant les guerres civiles au Congo

Au cours des guerres civiles congolaises, les viols ont eu un caractère massif et systématique, on l'a vu ci-dessus. En ce qui concerne le critère massivité (généralité), les organisations de défense des droits de l'Homme, les Eglises, les ONG internationales et les formations sanitaires ont recensé un nombre très important de violences sexuelles sur les femmes entre 1993 et les premiers mois de l'an 2000. On estime que 4 % de la population féminine du Congo a été victime de violences sexuelles pour des raisons politiques au cours de cette période.

Caractère massif des viols commis au Congo pendant les guerres civiles

Le recoupement des différents témoignages a permis de faire cette estimation raisonnable du nombre de viols commis pendant cette période. On suppose cependant, ici comme ailleurs, que les cas recensés sont largement en deçà de la réalité en raison du sentiment de crainte et de honte que le phénomène provoque. Les études menées dans beaucoup de pays par M. Koss ont révélé que les femmes rapportent moins du quart des actes de viol commis contre elles[128]. Cela conduit à penser qu'on peut arriver à une estimation raisonnable en multipliant par deux ou trois le nombre de viols. Par ailleurs, selon les autorités congolaises « à Dolisie, 40 % des femmes de la ville auraient été violées »[129], ce qui correspond à 11 500 femmes et jeunes filles environ sur une population totale de 55 000 habitants. On peut conclure que les actes de viols perpétrés pendant cette période avaient un caractère massif (généralisé).

Caractère systématique des viols

En ce qui concerne le critère systématique, les enquêtes menées par plusieurs organisations indépendantes (Eglises, Amnesty International, OCDH/FIDH, MSF, etc.) et les informations recueillies directement auprès des victimes ont bien montré également que le viol n'était commis ni au hasard, ni de manière occasionnelle, mais était généralisé et pratiqué couramment. Selon les Nations Unies, « dans certaines régions du pays, dont le Pool, le viol paraît avoir été une pratique de guerre systématique. »[130].

Comment peut-on qualifier juridiquement ces faits de massivité et de systématicité des viols ?

B. La qualification juridique des faits

Le Congo est signataire de plusieurs Conventions internationales relatives aux droits de l'Homme et des Peuples : la Charte des Nations Unies de 1945, la Déclaration Universelle des Droits de l'Homme de 1948, le Pacte International relatif aux Droits économiques, sociaux et culturels, le Pacte international relatif aux Droits civils et politiques, la Charte africaine des Droits de l'Homme et des Peuples, la Convention internationale sur l'élimination de toutes les formes de discrimination raciale, la Charte culturelle africaine, la Convention sur l'élimination de

---

[128] Koss (M), " The Underdetection of Rape : Methodological Choices Influence Incidence Estimates ", in Journal of Social Issues 48 (1): 61-75, 1992.
[129] Nations Unies, Plan ONU 2002, *Ensemble depuis la base*, Brazzaville, Bureau du Coordinateur Résident et Coordinateur Humanitaire des Nations Unies, 2002, p. 18.
[130] Nations Unies, op. cit., p.18

toutes les formes de discrimination à l'égard des femmes (1984), la Déclaration sur l'élimination de la violence contre les femmes, adoptée en décembre 1993 par l'Assemblée générale de l'organisation des Nations unies.

Par ailleurs la Constitution du 15 mars 1992 fait largement référence à la Déclaration universelle des droits de l'homme de 1948, à la Charte africaine des droits de l'homme et des peuples de 1981, et à tous les textes internationaux pertinents dûment ratifiés par le Congo et relatifs aux droits de l'homme. La Constitution du 15 mars incorporait aussi une donnée nouvelle : la Charte de l'unité nationale et la Charte des droits et libertés adoptées par la Conférence nationale souveraine le 29 mai 1991, à Brazzaville.

Le respect de la personne humaine est consacré dans la Constitution du 15 mars 1992 en son article 10 qui stipule : « La personne humaine est sacrée et a le droit à la vie. L'Etat a l'obligation absolue de la respecter et de la protéger. Chaque citoyen a droit au libre développement et au plein épanouissement de sa personne dans ses dimensions psychologique, intellectuelle, spirituelle, matérielle et sociale, dans le respect des droits d'autrui, de l'ordre public et des bonnes moeurs. »

Les droits de la famille, proclamés à l'article 23 du Pacte international relatif aux droits civils et politiques sont également garantis par la Constitution du 15 mars 1992. Ainsi les articles 38, 39, 41 et 42 disposent :

Article 38
« L'Etat a l'obligation d'assister la famille dans sa mission de gardienne de la morale et des valeurs traditionnelles par la communauté.

L'Etat a le droit d'assurer la protection des droits de la mère et de l'enfant tels que stipulés dans les déclarations et conventions internationales. »

Article 39
« Le mariage et la famille sont sous la protection de l'Etat. La loi fixe les conditions juridiques du mariage et de la famille.

Le mariage légal ne peut être contracté que devant les organes de l'Etat. Il ne peut être conclu qu'avec le libre et plein consentement des futurs époux."

Article 41
« Les enfants ne peuvent être séparés de leur famille contre le gré de ceux qui ont la charge de leur éducation qu'en vertu de la loi.
La mère et l'enfant ont le droit à une aide et à une assistance de l'Etat. »

Article 42
« Tout enfant, sans discrimination aucune, fondée sur la race, la couleur, le sexe, la langue, la religion, l'origine nationale, ethnique ou sociale, la fortune ou la naissance, a droit, de la part de sa famille, de la société et de l'Etat, aux mesures de protection qu'exige sa condition de mineur. »

Dans la pratique, les régimes qui se sont succédés au pouvoir au Congo ont constamment violé ces chartes et conventions inscrites pourtant dans son ordonnancement juridique. Qu'en conclure ? La tragédie congolaise montre que des dirigeants décidés à conquérir le pouvoir ou à le conserver y compris par les armes n'hésitent pas à d'une part éliminer les adversaires et d'autre part à se venger sur des personnes sans défense notamment des femmes et des enfants.

Du point de vue juridique, on va essayer de détailler six points qui permettent de qualifier ces actes comme persécution, traitement cruel, inhumain et dégradant, torture, crime contre l'humanité, crime de guerre, crimes punis par le droit congolais.

1. La violence sexuelle contre les femmes constitue une persécution

Les textes cités supra font obligation à l'Etat de respecter tout individu et d'assurer les droits reconnus à tous ceux qui vivent sur le territoire congolais et qui relèvent de sa juridiction, sans distinction aucune, notamment de race, de couleur, de sexe, de langue, de religion, d'opinion politique, d'origine nationale ou sociale, de fortune, de naissance ou de toute autre situation.

Les agressions sexuelles contre les femmes pendant les guerres civiles ont été commises à des fins politiques. Le viol a servi et continue à servir comme une arme de guerre. C'est un instrument pour intimider et punir les femmes du fait de leur appartenance ethnique et il s'agit d'essayer de comprendre pourquoi. Une chose est à remarquer. Ces agressions ont été perpétrées pour beaucoup aussi bien par l'armée régulière que par les milices utilisées comme supplétives des forces de l'ordre. Cette violence a donc été institutionnelle (perpétrée ou tolérée par l'Etat). De ce fait, elle constitue une atteinte à la Convention internationale sur l'élimination de toutes les formes de discrimination raciale et à la Déclaration sur l'élimination de la violence contre les femmes. Elle constitue bien une forme de persécution.

2. La violence sexuelle contre les femmes constitue un traitement cruel, inhumain et dégradant

L'article 5 de la Déclaration universelle des droits de l'homme stipule : « *Nul ne sera soumis à la torture, ni à des peines ou des traitements cruels, inhumains ou dégradants* ». Des dispositions analogues sont reprises dans plusieurs autres conventions signées par le Congo. Les actes de viol et de violence sexuelle perpétrés contre les femmes à des fins politiques peuvent être par conséquent considérés comme une violation des obligations du Congo en vertu des articles 5, 7, et 3 (2) de la Déclaration universelle des droits de l'homme.

3. La violence sexuelle contre les femmes constitue une torture

Différentes conventions assurent la protection contre la torture, particulièrement la Déclaration sur l'élimination de la violence contre les femmes. La Convention des Nations unies contre la torture et d'autres conventions pour sa prévention et sa pénalisation contiennent des définitions suffisamment élaborées pour couvrir de cette qualification les violences sexuelles commises au Congo non seulement par les militaires des forces armées régulières, mais également par les milices et les mercenaires opérant à l'instigation du pouvoir et des partis politiques, bénéficiant de leur soutien ou du moins de leur consentement.

D'autres Conventions contre la torture n'ont pas été signées par le Congo. Depuis la constitution du Tribunal pénal international (TPI) pour le Rwanda, du TPI pour l'ex Yougoslavie, le régime normatif relatif au viol a progressé à tel point qu'aujourd'hui il existe une règle de droit international selon laquelle le viol et toute autre forme de violence sexuelle perpétrés contre les femmes constituent une torture quand ils sont commis à des fins politiques.

Au niveau international et à la lumière des événements du Rwanda, le cas de Jean-Paul Akayesu a mobilisé les organisations féministes et juridiques qui se sont battues pour que le viol soit inclus dans l'acte d'accusation de ce dernier. C'est en ce sens que fut rédigé l'*Amicus curiae,* le mémoire relatif à la modification de l'acte d'accusation et au dépôt d'éléments de preuve supplémentaires pour que les crimes de viol et d'autres formes de violence sexuelle relèvent de la compétence du Tribunal international pour le Rwanda. C'est sur cette base que le Tribunal international pour le Rwanda a condamné un ancien bourgmestre (maire) Jean-Paul Akayesu, le 2 octobre 1998, à trois peines d'emprisonnement certes pour génocide, crimes de guerre et crimes contre l'humanité. Mais de plus le Tribunal a condamné l'ancien bourgmestre de Taba (Préfecture de Gitarama) à 80 années d'emprisonnement pour viol et d'autres crimes y compris d'avoir encouragé la perpétration de viols et d'actes de violence sexuelle (Annexe 3).[131]

Tous les actes de viol et de violence sexuelle commis contre les femmes pendant les guerres civiles au Congo violent bien le droit international.

La thèse selon laquelle le viol commis à des fins politiques enfreint les normes de droit international, considérant le viol comme une forme de torture, s'appuie sur les développements de ce droit international depuis 1945. Ces développements reposent sur la reconnaissance juridique du rôle central des femmes dans la société et sur le besoin en conséquence de les protéger contre toute discrimination et toute forme de violence systématique.

Il faut noter que la Convention des Nations unies comme beaucoup d'autres textes définissent le viol commis à des fins politiques à partir du critère d'intimidation qui lui est généralement

---

[131] Cf Annexes 2 et 3. Voir également Kerline (J.), *L'importance d'une justice face aux crimes sexuels commis à l'égard des femmes en période de conflits armés le cas du Rwanda*, Mémoire de maîtrise, Département des sciences juridiques, Université du Québec à Montréal, 2000.

sinon nécessairement associés. C'est pour cela que ces textes sont bien soutenus par la communauté internationale.

Tous ces textes insistent donc sur le droit de faire respecter l'intégrité physique, mentale et morale de tout être humain. Il ne peut y avoir de doute sur le fait que le viol, spécialement quand il est commis à des fins politiques, enfreint ce droit. Or très significatifs dans le développement d'un corpus de droit international applicable au viol en tant que forme de torture sont, d'une part, le fait que le rapporteur spécial de la Commission des droits de l'homme des Nations Unies sur la question de la torture ait décrit le viol en détention comme une forme de torture, et, d'autre part, l'accent mis par la Conférence mondiale des droits de l'homme, réunie à Vienne en 1992, sur la violence contre les femmes, en particulier le viol systématique.

On peut donc affirmer les points suivants :

- premièrement il existe maintenant un corpus de droit humanitaire international qui qualifie le viol comme une forme de torture quand il est commis à des fins politiques ;
- deuxièmement, les actes de viol et de violence sexuelle perpétrés contre les femmes à des fins politiques, peuvent être qualifiés de torture. Ils tombent sous le coup du droit international ;
- troisièmement, les actes de viol et de violence sexuelle perpétrés contre les femmes à des fins politiques peuvent être qualifiés de violation des droits à la protection de la famille en tant qu'élément fondamental de la société, et tombent sous le coup de l'article 16 (3) de la Déclaration universelle ;
- quatrièmement, les actes de viol et de violence sexuelle perpétrés contre les femmes à des fins politiques peuvent être qualifiés comme un non-respect des obligations du Congo par rapport aux Conventions qui accordent à toute personne le droit de faire respecter son intégrité physique, mentale et morale.

4. La violence sexuelle contre les femmes est un crime contre l'humanité

Que cela soit orchestré par le pouvoir ou par les partis politiques de l'opposition, l'utilisation du viol comme arme de terreur constitue un crime contre l'humanité. En effet, le viol est un crime contre l'humanité tant dans son essence qu'en tant que forme de torture.

En vertu du rôle central de la femme dans la cellule familiale, le viol est considéré comme une atteinte à l'intégrité de cette cellule. L'accent est mis sur l'importance du groupe familial au regard de la société par l'article 16 (3) de la Déclaration universelle, par l'article 10 (1) du Pacte international relatif aux droits économiques, sociaux et culturels, etc.. Tous déclarent en effet que la famille est l'élément naturel et fondamental de la société et a droit à la protection de la société et de l'Etat. En s'attaquant spécifiquement et systématiquement aux femmes par l'intimidation, c'est donc bien une torture qui est ainsi visée par ce droit international puisque la famille fait partie de la qualité reconnue à chaque être humain mais aussi un crime contre l'humanité dans la mesure que cette dernière se définit par la reconnaissance du rôle de la famille.

Un autre point va aussi dans ce sens. Le principe pour les femmes et les hommes de l'égalité de traitement a reçu un encouragement en 1979 avec l'adoption de la Convention sur l'élimination de toutes les formes de discrimination contre les femmes. Cette convention a obtenu un large appui international. L'expression discrimination contre les femmes est définie dans la convention comme toute distinction, exclusion ou restriction fondée sur le sexe et ayant pour effet ou pour but la réduction ou l'annulation de la reconnaissance, de la jouissance ou de l'exercice par les femmes des droits humains et des libertés fondamentales sur les plans politique, économique, social, culturel, civil ou sur tout autre plan (et cela indépendamment de leur condition matrimoniale, elle aussi fondée sur l'égalité des droits des hommes et des femmes). La Convention impose un large éventail d'obligations aux Etats signataires, incluant l'obligation faite aux pouvoirs et institutions publiques de ne s'engager dans aucun acte de discrimination contre les femmes et de prendre toutes les mesures appropriées pour éliminer la discrimination manifestée contre les femmes par toute personne, organisation ou entreprise.

En 1993, les Nations Unies ont adopté une Convention sur l'élimination de la violence contre les femmes. De même, la Convention interaméricaine sur la prévention, la pénalisation et l'éradication de la violence contre les femmes constitue un important instrument régional dans le développement de la loi. Cette convention a bénéficié d'un appui de l'Organisation des Etats américains (OEA). Vingt-deux Etats l'ont signée et quinze Etats l'ont ratifiée. Cette étape représente un tournant dans le développement d'un corpus de lois relatives aux droits de l'homme. Elle a permis la reconnaissance d'un phénomène historique, celui de l'inégalité de la condition des femmes et l'établissement d'un régime garantissant leur protection. L'article 1 de la Convention interaméricaine présente maintes analogies avec la Convention des Nations unies de 1993 et définit la violence contre les femmes comme tout acte ou conduite fondé sur le sexe, provoquant la mort, des souffrances ou des dommages physiques, sexuels ou psychologiques aux femmes dans le domaine public ou privé. L'article 2 de ladite Convention stipule que la violence contre les femmes inclut la violence physique, sexuelle et psychologique, et mentionne spécifiquement le viol, l'abus et la torture sexuels. Cet article stipule, de manière significative, que la violence contre les femmes inclut la violence qui est perpétrée ou tolérée par l'Etat ou ses agents sans souci de la sphère où elle a lieu. La Convention fait obligation aux Etats signataires d'adopter des politiques aptes à prévenir, punir et éradiquer la violence contre les femmes et d'entreprendre progressivement la mise en place de mesures et de programmes relatifs à la violence contre les femmes.

Si l'on revient à l'argumentation avancée ci-dessus, on peut dire que les statuts du Tribunal pénal international pour l'ex-Yougoslavie et du Tribunal pénal international pour le Rwanda spécifient en effet, on le répète, que le viol peut bien être qualifié comme un crime contre l'humanité et pas seulement comme une torture. La Commission des droits de l'homme des Nations unies et le Comité international de la Croix-Rouge ont estimé que la torture représente une violation des Conventions de Genève. Il est aussi à noter que le viol est inscrit comme crime contre l'humanité non seulement dans les statuts du Tribunal pénal international pour l'ex-

Yougoslavie et le Rwanda pour les besoins de la jurisprudence de ces tribunaux respectifs mais qu'il est enfin considéré comme un crime contre l'humanité dans l'article 21 du projet de Code des crimes contre la paix et la sécurité de l'humanité élaboré par la Commission du droit international (CDI).

Les actes de viol et de violence sexuelle perpétrés contre les femmes au Congo à des fins politiques tombent donc sous le coup de cette qualification. Ils sont des crimes contre l'humanité du fait de leur caractère de massivité et de systématicité.

5. La violence sexuelle constitue un crime de guerre

Le droit international comprend en effet un ensemble considérable de règles applicables au recours systématique au viol et à d'autres formes d'abus sexuels pendant les conflits armés.

Les actes de violence sexuelle commis par les forces régulières et les différentes milices pendant les conflits armés sont un crime de guerre selon le droit civil international défini par la Quatrième Convention de Genève de 1949 et les deux protocoles additionnels de 1977.

6. Les actes de viol et les autres formes de violence sexuelle sont punis par la loi congolaise

Le cadre juridique général de la protection des droits de l'homme au Congo consacre la primauté du droit international sur le droit interne. « Tout citoyen qui prétend que l'un de ses droits a été violé peut invoquer la norme internationale devant les juridictions nationales ». Ce principe est expressément repris dans toutes les lois fondamentales dont le Congo s'est doté depuis 1958 et dans la Charte de l'unité nationale et la Charte des droits et libertés adoptées par la Conférence nationale souveraine (CNS) le 29 mai 1991. Cette Assemblée a écarté du bénéfice de l'amnistie les assassinats, les meurtres accompagnés de tortures ou d'actes de barbarie, l'infanticide, les vols qualifiés et les viols, en raison du caractère odieux de ces crimes.[132] C'est la preuve que les dispositions des divers instruments relatifs aux droits de l'homme étaient bien garanties et directement applicables. Leurs violations

---

[132] République du Congo, Acte n° 018 portant Amnistie, Article 1er, in Journal Officiel de la République du Congo, Edition Spéciale, juin 1991, p. 13.

peuvent dont être poursuivies devant les tribunaux nationaux (tribunaux d'instance, de grande instance, Cour d'appel et la Cour suprême), à défaut devant les tribunaux internationaux compétents.

Dans son préambule, la Constitution du 15 mars 1992 a fustigé l'intolérance et la violence politique, le coup d'Etat comme seul moyen d'accéder au pouvoir qui annihile l'espoir d'une vie véritablement démocratique et préconise le dialogue entre les communautés comme seul critère d'unité et de développement dans la paix retrouvée.

La Constitution de 1992 consacre un certain nombre de principes proclamés et garantis par la Charte des Nations Unies, la Déclaration universelle des droits de l'homme de 1948, la Charte africaine des droits de l'homme et des peuples de 1981, et tous les textes internationaux ratifiés relatifs aux droits de l'homme.

De même, après la chute de Pascal Lissouba à la suite de la guerre civile, le nouveau régime a présenté la « Loi portant définition et répression du génocide, des crimes de guerre et des crimes contre l'humanité ». Comme le montre l'encadré 1, la plupart des crimes qui y sont définis, dont les exécutions sommaires, les « disparitions » et les traitements cruels, inhumains ou dégradants, sont passibles de la peine de mort.

La loi définissant le génocide adoptée lors de la deuxième session ordinaire du Conseil national de transition (2 juillet-31 août 1998)[133], transpose dans la juridiction congolaise, l'essentiel des dispositions des conventions de Genève de 1949 et des deux protocoles additionnels de 1977. Elle assimile le viol, l'esclavage sexuel, la prostitution forcée, la grossesse forcée, la stérilisation forcée et les autres formes de violences sexuelles de gravité comparable comme des crimes contre l'humanité (Chapitre III, article 6.g).

Cette loi permet de poursuivre et de punir les commanditaires, les auteurs et les complices des actes de génocide, des crimes de guerre et des crimes contre l'humanité. L'article 14 de cette loi

---

[133] Nations Unies, *Situation des droits de l'homme au Congo, Rapport du Secrétaire général, Commission des Droits de l'Homme, Question de la violation des droits de l'Homme et des libertés fondamentales, où qu'elle se déroule dans le monde*, Rapport de la Sous-commission de la promotion de la protection des droits de l'Homme, Genève, Cinquantesième session, Document E/CN.4/2000/30, alinéa 10.

stipule que les actes de génocide, les crimes de guerre et les crimes contre l'humanité sont imprescriptibles (Chapitre IV). C'est pourquoi l'article 15 énonce clairement que la loi s'applique même aux crimes commis avant sa promulgation, pratiquement, depuis que le Congo est indépendant (1960).

Encadré 1

LOI PORTANT DEFINITION ET REPRESSION DU GENOCIDE, DES CRIMES DE GUERRE ET DES CRIMES CONTRE L'HUMANITE

Titre unique

Du génocide, des crimes de guerre et des crimes contre l'humanité

Chapitre I :

Du génocide

Article 1 :

Constitue un génocide, le fait de commettre en exécution d'un plan concerté tendant à détruire en tout ou en partie, un groupe national, ethnique, racial, religieux ou un groupe déterminé à partir de tout autre critère arbitraire l'un des actes suivants
   a) meurtre des membres du groupe ,
   b) atteinte grave à l'intégrité physique ou mentale des membres du groupe ,
   c) soumission intentionnelle du groupe à des conditions d'existence devant entraîner sa destruction physique, partielle ou mentale ,
   d) mesures visant à entraver les naissances au sein du groupe ;
   e) transfert forcé d'enfants.

Article 2 .

Le génocide est puni de la peine de mort.

Article 3 :

Sont également punis des peines du génocide :
   - l'entente en vue du génocide ;
   - l'incitation directe ou publique à commettre le génocide ;
   - la tentative du génocide ,
   - la complicité dans le génocide.

Chapitre II :
Des crimes de guerre

Article 4 :

On entend par « crime de guerre » :
a) les infractions graves aux conventions de Genève du 12 août 1949 ;
b) les autres violations graves des lois et coutumes applicables aux conflits armés internationaux dans le cadre établi du droit international ;
c) les violations graves de l'article 3 commun aux quatre conventions de Genève du 12 août 1949 ;
d) et autres violations graves reconnues comme applicables aux conflits armés ne présentant pas un caractère international dans le cadre établi du droit international.

Article 5 :

Les crimes de guerre sont punis de la réclusion criminelle à perpétuité ou de la peine de mort.

Chapitre III :
Des crimes contre l'humanité

Article 6 :

On entend par crime contre l'humanité, l'un quelconque des actes ci-après, lorsqu'il est perpétré dans le cadre d'une attaque généralisée ou systématique dirigée contre une population civile et en connaissance de l'attaque :
a) le meurtre ;
b) l'extermination ;
c) la réduction en esclavage ;
d) la déportation ou le transfert forcé de la population ;
e) l'emprisonnement ou autre forme de privation grave de liberté physique en violation des dispositions fondamentales du droit international ;
f) la torture ;
g) le viol, l'esclavage sexuel, la prostitution forcée, la grossesse forcée, la stérilisation forcée et les autres formes de violences sexuelles de gravité comparable ,
h) la persécution de tout groupe ou de toute collectivité identifiable inspirée par des motifs d'ordre politique, racial, national, ethnique, culturel, religieux ou sexiste ou d'autres critères universellement reconnus comme inadmissibles en droit international ;

i) les disparitions forcées ;
j) les crimes de discrimination : tribale, ethnique ou religieuse ;
k) d'autres actes inhumains de caractères analogiques causant intentionnellement des grandes souffrances à l'intégrité physique ou mentale.

Article 7

Les atteintes portées à la vie, à la santé, au bien-être physique ou mental des personnes, en particulier le meurtre, de même que les traitements cruels, que la torture, les mutilations ou toutes formes de peine corporelle, les punitions collectives, les prises d'otages, les actes de terrorisme inspirés par des motifs politiques, raciaux ou religieux et organisés en exécution d'un plan concerté à l'encontre d'un groupe de population civile, sont punis de la peine de mort.

Article 8

Sont également punis de mort, la déportation, la réduction en esclavage ou la pratique massive et systématique d'exécutions sommaires, les enlèvements des personnes suivis de leur disparition, les atteintes à la dignité de la personne humaine notamment les traitements humiliants et dégradants, le viol, la contrainte à la prostitution ou tout attentat à la pudeur, le pillage, la menace de commettre des actes précités, toutes atteintes à la vie commises dans les circonstances visées aux articles 4 et 5.

Article 9

Lorsqu'ils sont commis en temps de conflit armé et en exécution d'un plan contre l'humanité, les actes visés aux articles 4 et 5 sont punis de la peine de mort.

Chapitre IV :
Dispositions communes et finales

Articles 10

Sont considérés comme auteurs et passibles de la peine de réclusion criminelle à perpétuité ou de la peine de mort, tous ceux qui, à quelque titre que ce soit, ont inspiré ou donné des ordres ayant conduit à la commission de l'un des crimes prévus aux articles 1, 4, 6 et 7 de la présente loi.

Article 11 :

Les personnes physiques coupables des infractions prévues par la présente loi, encourent également les peines suivantes :
- l'interdiction des droits civiques, civils et de la famille qui comportent le droit de vote, l'éligibilité, le droit d'exercer une fonction juridictionnelle ou d'être expert devant une juridiction, de représenter ou d'assister une partie devant la justice, le droit d'être tuteur ou curateur ;
- l'interdiction d'exercer une fonction publique, soit de manière définitive, soit de manière temporaire ;
- l'interdiction de séjour pendant cinq ans au moins et dix ans au plus ;
- la confiscation de tout ou partie de leurs biens.

Article 12 :

L'interdiction de séjour en territoire congolais peut-être prononcée à titre définitif pour une durée de dix ans au plus à l'encontre de tout étranger coupable de toute infraction prévue à la présente loi.

Article 13 :

L'auteur ou le complice d'un crime visé à la présente loi ne peut être exonéré de sa responsabilité du seul fait qu'il a accompli un acte commandité par l'autorité légitime. Toutefois, la juridiction tient compte de cette circonstance lorsqu'elle détermine la peine et en fixe la durée. Les dispositions de l'article 464 du Code Pénal sont applicables en ce cas.

Article 14 :

L'article public pour la poursuite et la répression des crimes prévus par la présente loi ainsi que les peines prononcées sont imprescriptibles.

Article 15 :

Les dispositions de la présente loi sont applicables même aux crimes commis avant sa promulgation.

Article 16 :

La présente loi sera publiée au Journal officiel de la République du Congo et exécutée comme loi de l'Etat.

Sur la base des renseignements en provenance de diverses sources, en 1999 le Comité des droits de l'homme des Nations Unies a demandé au gouvernement congolais d'enquêter sur les violations des droits de l'homme au Congo, [...], de juger les auteurs, d'indemniser les familles des victimes.

En novembre 1999, le gouvernement a répondu à la Commission en ces termes : « Jusqu'à présent, aucun justiciable n'a encore saisi les tribunaux congolais de ces faits [...], les forces de sécurité congolaises n'ont, à aucun moment, commis ces atteintes aux droits humains. [...] Ces violations étaient le fait des bandits armés qui, profitant de la période de tension, ont commis des exactions. [...].

« Les ONG s'accordent sur le fait que les forces de sécurité, et en particulier les milices gouvernementales, jouissent de la plus grande impunité, ce qui constitue une des principales entraves au processus de réconciliation nationale et au rétablissement de l'état de droit. »[134]

On pourrait penser que compte tenu de ce qui s'est passé et de l'échec des règles de droit rappelées ci-dessus, il n'existe pas de droit au Congo ou du moins que ses règles ne sont pas appliquées ou au pire caduques. Ne peut-on à partir de là espérer que le droit permette de traiter les conséquences des viols durant les guerres civiles ? Cela paraît une dimension raisonnable à exploiter. Sans cette dimension juridique réaffirmée, quel traitement peut avoir de sérieuses chances de diminuer les souffrances et d'apaiser les rancœurs ?

---

[134] Nations Unies, *Etude de la situation au Congo en vertu de la procédure confidentielle 1503*, Genève, Commission des droits de l'homme, mars 2000.

CONCLUSION

Comment vivre après l'horreur ? Nul ne doit empêcher le recouvrement de la mémoire, surtout pas les bourreaux. Ensuite, l'oubli ne se fera qu'à certaines conditions.

Tzvetan Todorov

La mémoire du mal. Tentation du bien.
Enquête sur le siècle,
Paris, Robert Laffont, 2000.

Les violences sexuelles perpétrées au Congo au cours des trois guerres civiles des années 1990 n'ont pas été dirigées contre la femme seulement en tant que sujet singulier, même si elle en a subi les conséquences. L'intention ne la concernait pas. Ce qui a été détruit en elle et autour d'elle, c'est cette part inaccessible et fondatrice de son être qui en fait un individu parmi d'autres tenus ensemble par des liens, par une communauté de valeurs : culture, histoire, pensée, langue, etc. Ce qui a été atteint, c'est le sentiment d'appartenance à une espèce commune.

Les traumatismes individuels ou collectifs ont déclenché des phénomènes mentaux complexes qui ne sont pas suffisamment pris en compte dans les différentes approches de la réparation. Pourtant, les enjeux sont importants pour les individus ; ils s'inscrivent dans une réflexion sur la société.

La problématique centrée sur le traitement social du traumatisme psychique soulève des questions d'ordre culturel, social, juridique et économique.

L'approche doit donc être pluridisciplinaire. Elle sollicite différentes compétences car il s'agit de s'intéresser aux diverses formes de réparation (thérapeutique, juridique, sociale, symbolique, économique) et à leur interrelation, même s'il est illusoire de prétendre tout réparer.

La culture est partie indissociable de l'être. Ceci explique les différences quant à l'interprétation des phénomènes comme la maladie, la mort, le deuil, etc. Chaque personne réagit à la violence et au stress, en fonction de sa culture, de ses croyances religieuses ou spirituelles, du degré de support psychologique et social qu'il reçoit de sa personnalité, de son histoire, des traumatismes qu'il a déjà subis, de son monde intrapsychique et interpersonnel, etc.

La culture joue un rôle très important dans les différentes représentations dont dispose chaque société. Toutes ces représentations ne doivent pas être négligées lors de la prise en charge thérapeutique des victimes. En effet, elles constituent le cadre de référence à partir duquel les victimes interprètent la réalité passée et présente et reconstruisent leur avenir.

La médecine moderne et les thérapies traditionnelles doivent travailler de façon complémentaire d'autant plus que ces dernières occupent une place centrale dans une société où l'individu est doublement porté par son groupe et par ses croyances.

Toute thérapie moderne qui n'intègre pas l'approche culturelle dans sa démarche ne peut avoir que des résultats très limités. Il faut donc adopter une approche pouvant être complémentaire des approches singulières, renforcer et encourager le travail thérapeutique de la médecine traditionnelle. Comme l'a dit Masamba (un tradipraticien *kôngo*) au docteur William Arkinstall : « *Nge i nganga ku nseke, kansi mono i nganga ku masa* ». Littéralement cette phrase veut dire : « Vous êtes un docteur de la terre, mais moi, je suis un docteur de l'eau. », ou en d'autres termes, « Vous et votre médecine êtes grands, mais temporels ; la nôtre est la médecine éternelle des ancêtres. »[135] En d'autres termes, la médecine occidentale moderne soulage les symptômes ; toutefois, tant que les vraies causes de la maladie ne sont pas découvertes et vaincues, l'amélioration ne sera que temporaire.

---

[135] Janzen (J. M.), *La quête de la thérapie au Bas-Zaïre*, Paris, Karthala, 1995, p. 243.

Cette interprétation sociale rend compte de la démarche thérapeutique subséquente, c'est-à-dire l'intervention pour libérer le malade, chasser les esprits, etc. Il est tout à fait normal pour les malades et leurs référents de recourir aux thérapies traditionnelles et aux religions et sectes de guérison.

L'horreur vécue par les femmes au Congo au cours des trois guerres civiles marque de façon prégnante toute une société. Ces stigmates risquent de se transmettre sur plusieurs générations. Ce qui s'impose aux uns et ne peut s'élaborer passera d'une génération à l'autre tel quel, sans transformation, dans les avatars du développement psychique des descendants.

Par delà le traumatisme de la victime, c'est de la structuration même du sujet et de ses possibilités relationnelles futures qu'il s'agit, non seulement au niveau personnel et familial mais aussi au niveau de toute la société. Vu le nombre de victimes, on passe d'une catastrophe individuelle ou familiale à une catastrophe collective. Ce n'est pas une génération qui est sacrifiée mais la société elle-même qui fait les frais de ce sacrifice.

Une obligation de réparation et un devoir de mémoire s'imposent. Si le crime n'est pas reconnu, si les bourreaux ne sont pas désignés et punis, si les morts ne peuvent être nommés et la commémoration de leur disparition instituée, les descendants ont à charge un lourd héritage. Ils risquent de se constituer comme mémoire de l'oubli. Tragique destin qui impose aux héritiers le poids de l'horreur et le prix du silence.

Le travail de restructuration de la mémoire à partir des traces amnésiques de chacun et dans le respect de l'oubli doit se faire. Par un réancrage culturel et historique, par le travail de mise en sens de ce qui s'est passé, permettant ainsi à chacun, dans un étayage narcissique retrouvé de reprendre ses facultés élaboratives.

Le travail de reconstruction de la mémoire se fait au sein de la famille et du groupe auquel la victime appartient. Aucune réparation ne peut rendre à la victime ce qu'elle a définitivement perdu. Néanmoins, la reconnaissance par les autorités compétentes de l'injustice et de la violence subies est fondamentale. Elle fait partie de la thérapie et de tout projet de réparation (exemple du franc symbolique devant les tribunaux français).

Par ailleurs, le projet de réconciliation nationale soulève l'indignation et la colère des victimes. En effet, il renforce le sentiment d'isolement et d'injustice, tout comme il maintient les blessures ouvertes et ne permet pas au travail de deuil de s'élaborer. Or, l'oubli, le déni de la souffrance, la non reconnaissance et les multiples tentatives de faire oublier ou de « tourner la page » font violence, entraînent une survictimisation et constituent de ce fait une source d'aggravation des troubles. C'est par la reconnaissance du traumatisme collectif et la constitution d'une mémoire collective que le travail de deuil peut se faire.

Les victimes exigent que la lumière soit faite sur ce qui s'est passé. Elles réclament la justice et la reconnaissance sociale de leur drame. L'alliance entre reconnaissance sociale, élaboration de pratiques exceptionnelles, réparations matérielles pourrait seule offrir une possibilité de sortir du marasme et de reprendre goût à une vie saine.

Des actions de prévention ou des dispositifs thérapeutiques spécifiques pendant les crises doivent être mis en place dont celles spécialisées dans des interventions pour gérer les situations de crise.

Concernant la famille, la crise économique, sociale et politique que connaît le Congo depuis les années 1980 oblige à reconsidérer son évolution selon l'angle de l'impact de ces crises sur les solidarités familiales. La crise, en tant que somme de phénomènes d'adaptation à de nouvelles conditions d'organisation et de la reproduction sociale, comporte plusieurs dimensions. De ce fait, elle donne naissance à une multitude de contraintes diverses qui s'exercent sur les individus et sur les familles.

La réinvention de nouveaux modèles familiaux se réalise sous des contraintes croissantes : contraintes macro-économique, macro-sociale et politique. Cet effet de la crise ne fait d'ailleurs que renforcer une tendance plus ancienne, suscitée par l'élargissement de l'espace social et économique dans lequel évoluaient les individus. Cette multiplication et cette diversification générales et progressives des contraintes accompagnent d'une part un glissement des origines du champ microsocial constitué de la famille et de la communauté vers un champ macrosocial de l'ensemble de la société ou des groupes socio-économiques. Faut-il ainsi à nouveau tabler sur des formes intermédiaires réajustées après ces traumatismes ?

ANNEXES

Listes des annexes

Annexe 1   *Le Congo et le Système des Droits Humains à l'ONU*, HRI

            Reproduction avec l'autorisation du HRI

Annexe 2   *Rwanda. Condamnation d'Akayesu : une victoire pour les droits des femmes*, Coalition pour les femmes en situation de conflit, Droit et Démocratie, Centre international du droit de la personne et du développement démocratique.

            Reproduction avec l'autorisation du Centre

Annexe 3   *Le traitement des crimes contre les femmes par le Tribunal pénal international pour le Rwanda*, Betty Murungi, Droit et Démocratie

            Reproduction avec l'autorisation du Centre

Annexe 4   Lexique Kôngo – Français

ANNEXE 1

Le Congo et le Système des Droits Humains à l'ONU

Date d'admission à l'ONU : 20 septembre 1960.

Traités : Ratifications et réserves

Le Congo a soumis un document de base (HRI/CORE/1/Add.79, 9 juillet 1996) à l'intention des organes de surveillance. Le rapport établi par le gouvernement renferme des données démographiques et statistiques ainsi que des renseignements sur le cadre institutionnel et juridique de la protection des droits de l'homme.

La Charte de l'unité nationale et la Charte des droits et libertés

Ces Chartes ont été adoptées par la Conférence souveraine nationale le 29 mai 1991. Toute personne peut s'en remettre à la Cour constitutionnelle pour établir la constitutionnalité d'une loi, soit directement, soit en recourant à des procédures spéciales sur la constitutionnalité des lois devant un tribunal. Les décisions de la Cour constitutionnelle ne peuvent faire l'objet d'un appel; elles sont exécutoires pour les autorités gouvernementales et judiciaires, et pour les individus.

Les droits proclamés dans les divers instruments internationaux relatifs aux droits de l'homme sont protégés et garantis par la Constitution et par la Charte de l'unité nationale. Des exceptions sont toutefois permises dans des cas précis comme les fouilles, le caractère privé de la correspondance et les télécommunications. Le droit international a préséance sur les législations nationales et les instruments internationaux pertinents peuvent être invoqués devant les tribunaux du pays. Parmi les ONG qui assurent la surveillance des droits de l'homme, on peut mentionner le Comité national des droits de l'homme (CONADHO), la Ligue des droits de l'homme, le Comité des femmes pour la paix et la Fédération des femmes juristes.

Droits économiques, sociaux et culturels

Date d'adhésion : 5 octobre 1983.

Le rapport initial et le deuxième rapport périodique du Congo devaient être présentés les 30 juin 1990 et 1995 respectivement.

Réserves et déclarations : Articles 13(3) et 13(4).

Droits civils et politiques

Date d'adhésion : 5 octobre 1983.

Le deuxième rapport périodique du Congo (CCPR/C/63/Add.5) a été soumis et doit être examiné par le Comité à sa session de mars 2000; le troisième rapport périodique devait être présenté le 4 janvier 1995.

Réserves et déclarations : Article 11; déclaration faite en vertu de l'article 41.

Protocole facultatif : date d'adhésion : 5 octobre 1983.

Discrimination raciale

Date d'adhésion : 11 juillet 1988.

Le rapport initial du Congo et les rapports périodiques deux à six couvrant la période de 1989 à 1999 n'ont pas été présentés; le sixième rapport devait l'être le 10 août 1999.

Discrimination à l'égard des femmes

Date de signature : 29 juillet 1980; date de ratification : 26 juillet 1982.

Le rapport initial du Congo et les rapports périodiques deux à cinq couvrant la période de 1983 à 1999 n'ont pas été présentés; le cinquième rapport devait être présenté le 25 août 1999.

Droits de l'enfant

Date de signature : 14 octobre 1993.

Le rapport initial du Congo devait être présenté le 12 novembre 1995.

ANNEXE 2

Droits et Démocratie
Centre international des droits de la personne
et du développement démocratique

Coalition pour les droits des femmes en situation de conflit :

Condamnation d'Akayesu :
une victoire pour les droits des femmes

Le 2 octobre 1998, le Tribunal pénal international pour le Rwanda a condamné l'ancien bourgmestre Jean-Paul Akayesu à trois peines d'emprisonnement pour génocide, crimes de guerre et crimes contre l'humanité. De plus le Tribunal l'a condamné à 80 années d'emprisonnement pour viol et d'autres crimes y compris d'avoir encouragé la perpétration de viols et d'actes de violence sexuelle.

Avec la condamnation d'Akayesu à la prison à perpétuité, la communauté internationale commence à réparer l'injustice dont souffrent depuis longtemps les femmes victimes des conflits armés. Pour la première fois en effet, une cour internationale a puni la violence sexuelle perpétrée dans le cadre d'une guerre civile, et reconnu le viol comme un acte de génocide ainsi qu'un acte de torture.

Lors du procès, des femmes rwandaises ont témoigné qu'elles avaient été soumises à des viols collectifs à répétition par des membres des milices armées et qu'Akayesu n'avait rien fait pour mettre un terme à ces atrocités, alors qu'il en avait le pouvoir. Elles ont déclaré avoir vu d'autres femmes se faire violer et assassiner en présence d'Akayesu, et entendu celui-ci dire aux violeurs : «Ne venez plus me raconter à présent que vous ignorez quel goût peut avoir une femme Tutsi.»

Malheureusement, les témoignages des femmes rwandaises ne sont pas une exception. Dans le monde entier, le viol des femmes dans des situations de conflit est monnaie courante. Ce qui est nouveau, cette fois, c'est que la communauté internationale a traité ce crime avec la même rigueur que toute autre violation grave du droit international.

Ce n'est pas tant l'absence d'instruments juridiques qui posait problème par le passé que les préjugés sexistes en vertu desquels les crimes contre les femmes étaient considérés comme des violations mineures ou moins graves. Le viol contrevient aux Conventions de Genève de 1949, à la Convention de 1948 sur le génocide, à Convention de 1984 sur la torture, et il constitue un crime contre l'humanité en vertu du droit coutumier international. Pourtant, il a été pendant longtemps minimisé et écarté par les responsables politiques et militaires qui n'y voyaient qu'un acte à caractère privé ou le geste ignoble d'un soldat de passage. Pire encore, c'est parce que le viol était extrêmement répandu qu'il a été si longtemps toléré.

La victoire que constituent le jugement et la condamnation d'Akayesu n'a pas été facile. Lors de sa première inculpation, en 1996, les 12 chefs d'accusation retenus contre lui ne mentionnaient pas les violences sexuelles, malgré les preuves de viols massifs commis au cours du génocide en général et dans sa commune en particulier. Les accusations de viol n'ont été ajoutées qu'à la mi-procès, à la suite des pressions concertées d'organisations non gouvernementales et d'un mémoire de l'Amicus curiae soumis par la Coalition en mai 1997.

La condamnation d'Akayesu va créer, nous l'espérons, un précédent et amener le tribunal à porter un plus grand nombre d'accusations de viol. Cette affaire a démontré que si on leur offre de bonnes conditions de sécurité, les femmes rwandaises sont prêtes à témoigner de ce qu'elles ont vécu. Mais il reste que les crimes de violence sexuelle perpétrés dans le cadre de conflits armés font trop rarement l'objet d'enquêtes et de poursuites. Sur les 34 dossiers que traite actuellement le Tribunal, un seul comporte des accusations de violence sexuelle.

Le Tribunal pénal international pour le Rwanda et son pendant pour l'ex-Yougoslavie doivent multiplier leurs efforts pour faire du traitement des crimes de violence sexuelle une priorité. Et parmi les mesures nécessaires pour y parvenir, ils doivent garantir aux témoins une protection appropriée, former convenablement leurs enquêteurs et augmenter le nombre de femmes dans les équipes d'enquête. Ce n'est qu'avec de telles mesures que le droit international pourra signifier quelque chose pour les milliers de femmes victimes de violence sexuelle.

La Coalition pour les droits des femmes en situation de conflit regroupe des organismes rwandais et internationaux des droits des femmes et est coordonnée À Droits et Démocratie par Mmes Ariane Brunet et Isabelle Solon-Helal.

ANNEXE 3

Droits et Démocratie
Centre international des droits de la personne et du développement démocratique

BULLETIN D' INFORMATION

COALITION D'ONG SUR LES DROITS DES FEMMES EN SITUATIONS DE CONFLIT ARMÉ

Volume 4, numéro 1, Automne 2001.

Le traitement des crimes contre les femmes par le Tribunal pénal international pour le Rwanda

Par Betty Murungi,
avocate de la Haute Cour du Kenya et avocate conseil auprès de la Coalition pour les droits des femmes en situation de conflit armé

Introduction

Le génocide perpétré au Rwanda en 1994 a attiré l'attention sur l'ampleur des crimes perpétrés à l'endroit des femmes et en particulier celles qui appartiennent au groupe visé par les auteurs de génocide. Les atrocités et violences sexuelles ont fait l'objet de nombreuses recherches et sont maintenant largement connues (1).

Le procès Akayesu

Avec le procès de Jean-Paul Akayesu, c'était la première fois qu'un tribunal international se prononçait sur le crime de génocide (2) et sur le viol en tant qu'acte constitutif de génocide. Le verdict a été rendu le 2 septembre 1998. Au moment du génocide, J.-P. Akayesu occupait les fonctions de bourgmestre de la commune de Taba, située dans le centre du Rwanda. Il a été traduit devant le TPIR sur des accusations de génocide et de crimes contre l'humanité. Au départ, les allégations de violences sexuelles ne figuraient pas dans l'acte d'accusation, mais à la lumière de ce que des témoins ont révélé de façon spontanée et en réponse aux questions posées par les juges Laïty Kama, Nivanethem Pillay et Lennart Aspegren, des accusations relatives à des crimes de violence sexuelle ont été portées après modification de l'acte d'accusation sur requête du Procureur, le 17 juin 1997.

Les juges qui présidaient au procès Akayesu possédaient une large expérience en matière de violence et de discrimination sexuelles et savaient qu'il était important de ne pas reproduire la discrimination exercée à l'endroit des femmes dans l'administration de la justice internationale. Ils ont pu indiquer au Procureur lors du procès qu'il convenait peut-être de porter des accusations en regard des témoignages déposés et des précisions apportées par les témoins à la suite de leurs propres questions, détails que les questions des procureurs n'avaient pas permis de révéler. L'interventionnisme judiciaire de la Cour a été indéniable. L'inculpé a finalement été accusé de viol après modification de l'acte d'accusation. Voici en quels termes la Chambre a expliqué cette mesure :

" On June 17, the indictment was amended to include allegations of sexual violence and additional charges against the accused under Article 3(g). Article 3 (I) and Article 4(2)(e) of the ICTR Statute. In introducing this amendment, the Prosecution stated that the testimony of Witness H motivated them to renew their investigation of sexual violence in connection with events, which took place in Taba at the Bureau Communal. The Prosecution stated that evidence previously available was not sufficient to link the Accused to acts of sexual violence and acknowledged that factors to explain this lack of evidence might include the shame that accompanies acts of sexual violence as well as insensitivity in

the investigation of sexual violence. The Chamber understands that the amendment of the indictment resulted from the spontaneous testimony of sexual violence by witness J and H during the course of this trial and the subsequent investigation of the prosecution, rather than from public pressure. Nevertheless the chamber takes note of the interest shown in this issue by non-governmental organizations, which it considers as indicative of public concern over the historical exclusion of rape and other forms of sexual violence from the investigation and prosecution of war crimes. The investigation and presentation of evidence relating to sexual violence is in the interest of justice."

Par cette décision, la Chambre a clairement énoncé la nécessité de mettre fin à l'impunité entourant les crimes de violence sexuelle. Elle affirme sans équivoque que ces crimes sont aussi graves que les autres crimes relevant de la compétence du TPIR. Les pressions exercées auprès du bureau du procureur et l'intervention à titre d'Amicus curiae de la Coalition pour les droits des femmes en situation de conflit n'ont donc pas été vaines. Après cette décision capitale concernant la modification de l'acte d'accusation, on pouvait espérer que les actes d'accusation dressés contre les personnes soupçonnées d'avoir commis de tels crimes, incluent automatiquement des chefs d'accusation de viol et de violences sexuelles. Vu que dans son jugement, la cour interprète le viol comme un acte constitutif de génocide, de torture et de réduction en esclavage, on s'attendait à ce que le procureur porte dorénavant des accusations pour les crimes de violence sexuelle autant que lui permettrait le statut du tribunal. Ce n'est malheureusement pas ce qui s'est passé.

Le jugement Akayesu constitue un progrès extraordinaire par ses commentaires et par la jurisprudence qu'il établit en matière de violence sexuelle (3). Il a été cité et a fait autorité dans d'autres affaires au TPIR et au tribunal de La Haye dans les jugements Furundzija (4), Celebici (5) et Kunarac (6). Il est entré dans les annales à bien des égards, principalement parce qu'il a défini le viol comme un acte de génocide et de torture et parce que c'était la première fois que le viol était défini en droit international. Voici la définition que le jugement donne du viol aux paragraphes 596, 597 et 598 :

> " *The Chamber must define rape, as there is no commonly accepted definition of this term in international law. While rape has been defined in certain national jurisdictions as non-consensual intercourse, variations on the act of rape may include acts which involve the insertion of objects and/or the use of bodily orifices not considered to be intrinsically sexual. The Chamber considers that rape is a form of aggression and that the central elements of the crime of rape cannot be captured in a mechanical description of objects and body parts.... The Chamber defines rape as a physical invasion of a sexual nature, committed on a person under circumstances, which are coercive. Sexual violence which includes rape, is considered to be any act of a sexual nature which is committed on a person under circumstances which are coercive.*"

L'intérêt de cette définition consiste en ce qu'elle écarte la défense de consentement dans les causes de viol en droit international dans les cas où on peut établir qu'il y a eu coercition (7), inclut les viols perpétrés contre des enfants et des hommes, et élargit les actes qui constituent le viol de manière à inclure tout acte de pénétration d'un orifice du corps avec un objet quelconque.

La Chambre a statué qu'en général, les viols et autres crimes de violence sexuelle faisaient intégralement partie du génocide rwandais de 1994. Les actes de viol, la nudité forcée, l'esclavage sexuel et les mutilations ont été commis à grande échelle contre des femmes tutsies et certaines femmes hutues considérés comme sympathiques aux Tutsis. Les violences sexuelles ont été perpétrées dans l'intention de faire mourir les femmes ou de les détruire psychologiquement, culturellement et physiquement pour les rendre incapables de mener une existence normale, de produire et de se reproduire. Leurs droits en tant que personnes ont été annihilés au cours de ce processus.

Au vu de l'ensemble des éléments de preuve qui lui ont été présentés, la Chambre a constaté que les actes de viol et de violences sexuelles décrits ci-dessus étaient exclusivement dirigés contre les femmes tutsies, qui ont été très nombreuses à être soumises publiquement aux pires humiliations, mutilées et violées, souvent à plusieurs reprises, souvent en public, dans les locaux du Bureau Communal ou dans d'autres endroits publics, et souvent par plus d'un assaillant. La finalité de ces viols était très clairement d'anéantir non seulement les victimes directes, mais également de porter atteinte aux proches des victimes, leurs familles et leur communauté, en les soumettant à une telle humiliation. Ainsi donc, par-delà les femmes victimes, c'est tout le groupe Tutsi qui faisait l'objet de ces crimes (8).

Les attentes générées par le jugement Akayesu sont compréhensibles quand on sait à quel point les crimes contre les femmes ont été banalisés au cours de l'histoire et improprement caractérisés par le droit international, en particulier les crimes sexuels perpétrés contre les femmes dans le cadre de conflits armés (9). Cet état de choses avait un impact, à l'échelle internationale et en particulier dans les tribunaux ad hoc, sur la façon dont on menait les enquêtes, le type d'accusations que l'on portait et les poursuites que l'on engageait contre les auteurs des crimes.

Peut-être est-ce une conséquence directe du jugement Akayesu, mais le Procureur a inclus des accusations de viol dans plusieurs actes d'accusation déposés par la suite contre des personnes poursuivies devant le TPIR (10) et en a modifié plusieurs autres en y ajoutant des chefs d'accusation relatifs à des crimes de violence sexuelle (11). Dans un cas, le viol figurait dans l'acte d'accusation en tant que forme de torture, ce qui indiquait de la part du Procureur l'intention de poursuivre le viol dans toutes ses manifestations. Mais il est plutôt décevant de constater que par la suite, le Procureur n'a pas porté d'accusations de viol en tant qu'acte de génocide ou de torture dans un plus grand nombre de cas où il existait pourtant des preuves de violences sexuelles. Dans l'affaire de Cyangugu (12), même si deux témoins, une victime et un auteur de violences, ont fait état de violences sexuelles, aucun chef d'accusation en ce sens n'a figuré dans l'acte d'accusation (13). Dans l'affaire Omar Sherushago (14), l'acte contenait au départ des accusations spécifiques de viol, mais elles ont été retirées lors de la négociation de plaidoyer à la suite de laquelle l'accusé a plaidé coupable.

Conclusion

Le statut et la jurisprudence du TPIR rangent les crimes de violence sexuelle parmi les crimes que le droit international considère comme les plus graves. Il s'agit donc de veiller à ce que ces crimes fassent l'objet des enquêtes et des poursuites appropriées. Le procureur ne doit pas être surpris d'entendre, lors d'un procès, des témoins faire état d'agressions sexuelles, et il faut que ces crimes soient traités par les enquêteurs avec le même soin que les autres crimes relevant de la compétence du Tribunal. La bonne vieille excuse voulant que les victimes ne veulent pas parler des crimes de violence sexuelle ne tient plus quand on voit des témoins invités à déposer sur des assassinats ou d'autres atrocités se mettre à parler de viols collectifs, d'esclavage sexuel ou d'autres crimes de nature sexuelle (15).

Notes :

1. Voir Human Rights Watch, Shattered Lives : Sexual Violence during the Rwandan Genocide and its aftermath (septembre 1996); Catherine A, Mackinnon, " _Rape, Genocide and Women's Human Rights_ " (1994) 17 Harvard Women's L.J. 5,6-8; Africa Rights, Death, Despair and Defiance (septembre 1994); Avega Agohozo, _Étude sur la violence faite aux femmes_, décembre 1999.
2. Aux termes de la Convention pour la prévention et la répression du crime de génocide.
3. Voir Patricia Viseur Sellers, Substantive and Procedural Aspects of International Criminal Law, chapter 7D, "The Context of sexual violence Sexual violence as violations of International Humanitarian Law"
4. Le Procureur c. Anto Furundzija, (dossier n° IT-95-17/1-AR73), jugement, 10 décembre 1998.
5. Le Procureur c. Delalic et al. (dossier n° IT-96-21-T), jugement, 16 novembre 1998.
6. Le Procureur c. Kunarac et al. (dossier n° IT-96-23/2), jugement, 22 février 2001.
7. Jugement Akayesu, par. 688.
8. Jugement Akayesu, par. 121.

9. Voir à ce propos l'essai de Barbara Bedont, "_Gender Specific Provisions in the Statute of the ICC_", in F. Lattanzi et W. Schabbs (dir.), Essays on

the Rome Statute of the International Criminal Court, Naples : Editorials Scientifica, 1999.
10. Le Procureur Édouard Karemera et consorts (affaire n° ICTR-98-44-1).
11. Le Procureur c. Semanza (affaire n° ICTR-97-20-1).
12. Le Procureur c. Samuel Imanishimwe et consorts (affaire n° ICTR-99-46-T).
13. Le Procureur a tenté d'interroger le témoin sur les actes de violence sexuelle, mais la défense s'y est opposée et les juges ont donné raison à cette dernière. Le Procureur avait plutôt au cours du procès retiré une demande de modification de l'acte d'accusation visant à porter de nouvelles accusations pour violences sexuelles.
14. Le Procureur c. Omar Sherushago (affaire n° ICTR...)
15. Comme lors des procès Akayesu et Cyangugu.

ANNEXE 4
Lexique Kôngo – Français

Kôngo	Français
Bakala	Homme, masculin
Biba	Esprits ancestraux
Bilongo	Médicament
Busi	Sœur
Buka	Traiter, soigner
Fidimika	Eclairer
Fungula	Avouer, confesser, se confier
Fungula masumu	Contrition publique, confession publique
Futu	Sac, bourse
Ganda	Initier, s'initier
Kânda	Groupe de parenté de Ego, Famille, Clan
Ki-bila	Discours rituel
Ki-ndoki	Sorcellerie
Kundu	Sorcellerie
Loka	Maudire, envoûter
Loloka	Enlever la malédiction
Longo	Mariage, Alliance
Kimbevo (Mbevo)	Maladie (Malade)
Makunku	Claquements des mains sourds, bravo
Malumi	Sperme
Maza	Eau, Plan d'eau, Rivière
M'bizi	Poisson, Chair
M'buaki	Rouge
M'buta	Vieux ou Chef
M'filu	Vitex sp. = Verbénacée
M'fumu a Kanda	Chef de lignage
Misamba	Incision, scarification
Mitsieno	Loi
M'Kuezi	Belle famille
Moyo (pl. : Mioyo)	Base généalogique, Cellule originelle, Lignée
M'pemba	Chaux, Argile blanche
M'pimpa	Nuit, Obscurité
M'sangavulu	Délégation des pouvoirs
Mwini	Jour, Lumière
M'sua	Autorisation
Muana	Enfant

Lexique Kôngo – Français
(suite)

Kôngo	Français
Musiki	Association féminine d'entraide
N'doki	Sorcier
N'doko	Malédiction, malchance
N'dombi	Noir
N'dozi	Rêve,
N'ganga m'buki	Guérisseur, Tradipraticien
N'ganga n'kisi	Féticheur
N'ganga n'gombo	Devin
N'ganga N'zambi	Prêtre
N'goma	Tam tam
Ngongi	Claves
N'gunza	Prêtre, Prophète
N'kazi	Membre masculin clan, considéré du point de vue des femmes membres du groupe
N'kembo	Cérémonie publique
N'kento	Femme, Féminin
N'kisi	Fétiche
N'lolo	Annona arenario Thonn = Annonacée
N'saki	Claquement des mains sec, bravo
N'sende	Arrête, Obstacle (sens figuré)
N'soni	Pudeur
Nyakissa	Guérir, lever
N'zambi	Dieu
N'zonzi	Juge, médiateur,
Salaka	Festin
Samu	Dispute, palabre
Sukula	Laver
Vidisa	Nettoyer
Vova	Parler, juger
Zenga	Trancher
Zonza	Parler, juger

REFERENCES BIBLIOGRAPHIQUES

Africa International
"Un fauteuil pour quatre", in Africa International, n° 308, octobre 1997.
Amery (J.),
Par-delà le crime et le châtiment. Essai pour surmonter l'insurmontable, Arles, Actes Sud, 1995.
Amnesty International,
République du Congo. Une ancienne génération de dirigeants responsables de nouveaux carnages, Londres, 25 mars 1999.
Amnesty International United Kingdom,
Breaking the Silence, Human Rights Violations Based on Sexual Orientation, London, 1997.
Amnesty International,
"Expériences de rééducation des proches de disparus et d'autres victimes de la répression politique", Exposé du docteur Darion Lagos du 27/11/93, Doc SF 94 MED 07, 1994.
Amnesty International,
Bosnie-Herzegovine : Rape and sexual abuses by armed forces, London, 1993.
Amnesty International
Victimes silencieuses: les femmes, Montréal, AI, Section canadienne francophone, Dossier archive.
Amnesty International,
"Les conséquences physiques et psychologiques de l'emprisonnement et de la torture", in Rapport de séance, Conférence de Lysebu sur la torture, 5-7 octobre, Document Amnesty, SE 77 563, 1975.
Andoche (J.),
"La sorcellerie dans l'explication du malheur psychique", in Psychopathologie africaine, vol XXV, n° 2, 1993, pp. 161-174
Andriès (A.),
"La répression nationale des crimes de guerre. Aspects criminologiques", in Revue de droit militaire et du droit de guerre, 1990.
Atlanni (L.),
"Assistance aux victimes de violences sexuelles dans les camps de réfugiés. Lecture ethnologique des recommandations des agences internationales de soutien psychosocial", in Psychopathologie africaine, vol. XXVIII, n° 1, 1997, pp. 25-54

Baniafouna (C.),
> *Congo démocratie*. Tome 1. *Les déboires de l'apprentissage*, Tome 2. Les références, Paris, L'Harmattan, 1995.

Bailly (L.), Jaffé (H.) et Pagella (A.),
> " Séquelles psychologiques de la torture . peut-on parler de psychose traumatique ? ", in Nervure, 2,9, 1989.

Balandier (G.)
> *Sociologie actuelle de l'Afrique Noire*, Paris, PUF, 1971.

Balandier (G.),
> *La vie quotidienne au royaume de Kôngo*, Paris Hachette, 1965.

Barrois (C.),
> *Les névroses traumatiques*, Paris, Dunod, 1988

Bassiouni Shériff,
> " Sexual violence . An invisible weapon of war in the former Yugoslavia ", International Human Rights Law Institute, Paul University College of Law, 1996.

Bennoune (K-E),
> " The War Against Women in Algeria ", in Ms Magazine, september/october 1995.

Bonnet (C.),
> " Le viol des femmes survivantes du génocide du Rwanda " in Rwanda Un génocide du XXème siècle, Paris, L'Harmattan, 1995.

Bourgi (A.),
> " Une indifférence coupable ", in Jeune Afrique, N° 2029, 30 novembre-6 décembre 1999, p. 18.

Brauman (R.),
> *Devant le mal. Rwanda. Un génocide en direct*, Paris, Arléa, 1994.

Briole (G.), Lebigot (F.) Lafont (B.), Favre (J-D) et Vallet (D.),
> *Le traumatisme psychique : rencontre et devenir*, Paris, Congrès de psychiatrie et de neurologie de langue française/Masson, 1994.

Buakasa Tulu Mpansu,
> *L'impensé du discours - Kindoki et nkisi - en pays Kongo du Zaïre*, Kinshasa, Presses universitaires du Zaïre, 1973

Calhoum (K.S.) and Resick (P.A.),
> " Post-traumatic stress disorder ", in Barlow (Ed.) Clinical Handbook of Psychological Disorders, New York, Guilford Press, 1993

Droits et Démocratie
> *Droits des femmes en situation de conflit*, Bibliographie, mai 1997.

Droits et Démocratie
> " Les droits des femmes en situation de conflits " Bulletin d'information, Vol. III n° 2 – août 1999.

Centre de Psychologie humanitaire
> Traumatisme et PTSD, Communication disponible sur le site internet : http://humanitarian-psy.org

Chinkin (C.),
> " Amicus Curiae. Brief on Protective Measures for Victims and Witnesses ", in Criminal Law Forum, vol. 7, N° 1, 1996.

Congo (République du),
    Journal Officiel, Edition Spéciale, Brazzaville, juin 1991;
Congo (République du),
    Journal Officiel, Edition Spéciale, Brazzaville, septembre 1991;
Congo (République du)
    Journal Officiel, Edition Spéciale, Brazzaville, décembre 1991 ;
Congo (République du),
    Journal Officiel, Edition Spéciale II, Brazzaville, mars 1993
Coomaraswamy
    Rapport de la rapporteuse spéciale chargée de la question de la violence contre les femmes, y compris ses causes et ses conséquences, Document E/CN.4/1998.54, Genève, Haut Commissariat des Nations Unies pour les Droits de l'Homme, 26 janvier 1998
Couture (A.),
    " Le " syncrétisme " des chrétiens réincarnationnistes : analyse d'un discours théologique", in Religiologiques
Crocq (L.), Puech (D.) et Alby (J.-M.),
    " Séquelles psychiques des victimes d'attentats et d'agressions ", in Congrès de psychiatrie et de neurologie de langue française, Chambéry, 1988.
Crocq (L.),
    Les traumatismes psychiques de guerre, Paris, Odile Jacob, 1999.
Dadoun (R.),
    La violence Essai sur l' " Homo violens ", Paris, Hâtier, 1993.
Darves-Bornoz (J-M),
    Syndromes traumatiques du viol et de l'inceste, Paris, Congrès de psychiatrie et de neurologie de langue française/Masson, 1996.
Debarge (L.),
    " Le religieux et le médical ", in Esprit et vie, n° 8, septembre 1989.
De Beir (L.),
    Religion et magie des Bayaka, Saint Augustin-Bonn, Anthropos, 1975.
De Clercq (M.) et Vermeiren (E.),
    " Le débriefing psychologique: controverses, débat et réflexions ", in Nervure, 1999; XII (6), pp 55-61.
Dericquebourg (R.),
    La portion du salut dans les religions de guérison. Points de vue sur la thérapie religieuse, Lille, Presses Universitaires de Lille, 2000.
Dericquebourg (R.),
    " Les religions de guérison. Perspectives sur une recherche ", in Les marges contemporaines de la religion, Religiologiques, n° 18, 1998
Dericquebourg (R.),
    " La guérison par la religion", in Croyance et santé, Revue française de psychanalyse, n° 3, mars 1997.
Dericquebourg (R.),
    Religions et guérison, Paris, Cerf, 1988.

Devereux (G.),
> " La renonciation à l'identité comme défense contre l'anéantissement ", in Revue française de psychanalyse, 31,1, 1967.

Devisch (R.),
> " L'engendrement libidinal du sens en milieu Yaka du Zaïre ", Religiologiques, n° 12, automne 1995, pp. 83-110

Devisch (R.),
> " Soigner l'affect en remodelant le corps en milieu Yaka ", in Anthropologie et sociétés, 17, 1993, pp. 215-237.

Dimy Tchetche (G.),
> **Psychiatrie en Afrique Noire**, Paris, L'Harmattan, 1998.

Dimy Tchetche (G.),
> *Thérapie familiale et contextes socioculturels en Afrique Noire*, Paris, L'Harmattan, 1996.

Doray (B.) et Louzoun (C.), sous la direction de:
> *Les traumatismes dans le psychisme et la culture*, Paris, Erès, 1997.

Douglas (M.),
> *De la souillure. Essai sur les notions de pollution et de tabou*, Paris, F. Maspero, 1967.

Ducrocq (F.), Vaiva (G.), Cottencin (O.), Molenda (S.), Bailly(D.),
> " Etat de stress post-traumatique, dépression post-traumatique et épisode dépressif majeur · la littérature ", in L'Encéphale . Revue de Psychiatrie clinique, biologique et thérapeutique, Nouvelle série, Volume XXVII, Fascicule 2, mars-avril 2001, pp 167-171.

Fainzang (S.),
> " La cure comme mythe : le traitement de la maladie et son idéologie à partir de quelques exemples ouest-africains ", in Cahiers ORSTOM, Série Sciences Humaines, vol. XVIII, n° 4, 1981-1982, pp. 415-421.

Fédération internationale des Ligues des Droits de L'Homme,
> *Rapport alternatif de la FIDH au rapport initial présenté par l'Algérie au Comité sur l'élimination de la discrimination à l'égard des femmes*, 19ème session, 15 janvier – 5 février 1999, Lettre n° 273, juin 1999.

Fédération internationale des Ligues des Droits de L'Homme,
> *Congo Brazzaville. L'arbitraire de l'Etat, la terreur des milices*, Paris, Rapport, juin 1999.

Fédération internationale des Ligues des Droits de L'Homme et Observatoire Congolais des Droits de l'Homme
> *Entre arbitraire et impunité les droits de l'Homme au Congo-Brazzaville*, Paris, Avril 1998.

Fédération internationale des Ligues des Droits de L'Homme
> Rwanda, vies brisées, les violences sexuelles lors du génocide rwandais, Lettre n° 226, Paris, janvier 1997.

Fromm (E.),
> *La passion de détruire*, Paris, Laffont, 1975.

Gagnon (M.),
> *Anna, Jeanne, Samia...*, Paris, Fayard, 2001.

Gardham (J.G.),
    " The Law of Armed Conflict : A Feminist Perspective " in Mahomey (ed.), Human Rights in the Twentieth Century, Kluwer Academic Publishers, 1993.

Geschière (P.),
    Sorcellerie et politique en Afrique, Paris, Karthala, 1955.

Gordon (P.) et Crehan (K.),
    Mourir de tristesse : Sexospécificité, violence sexuelle et épidémie du VIH, UNOSIDA, 1997.

Grosser (A.),
    Le crime et la mémoire, Paris, Flammarion, 1989.

Gruénais (M. E.),
    " Vers une nouvelle médecine traditionnelle. L'exemple du Congo", in La revue du praticien, n° 141, 1991, pp. 1483-1490.

Gruénais (M. E.),
    " Le malade et sa famille. Une étude de cas à Brazzaville ", in D. Fassin et Y Jaffré (éd.), Société, développement et santé, Paris, Ellipses/ AUPELF, 1990, pp. 227-242.

Gruénais (M. E.), Jourdain (G.), et Lallemant (M.),
    " Recours thérapeutiques et urbanisation à Brazzaville", in Urbanisation et Santé dans le Tiers-Monde, Paris, Editions de l'ORSTOM, 1989, pp. 333-338.

Guenivet (K),
    Violences sexuelles. La nouvelle arme de guerre, Paris, Michalon, 2001.

Hagenbucher-Sacripanti (F.),
    " Fonctions du discours dans la représentation de l'au-delà ", in Cahiers des Sciences humaines, vol. 29, n° 1, 1993, pp. 53-72.

Hagenbucher-Sacripanti (F.),
    " Introduction à l'étude des techniques et de discours dans une secte thérapeutique du Congo méridional ", in Cahiers des Sciences Humaines, vol. 29, n° 1, 1993, pp. 73-103.

Hagenbucher-Sacripanti (F.),
    Santé et rédemption par les génies au Congo, Paris, Publisud, 2e édition, 1992.

Hagenbucher-Sacripanti (F.),
    " Note sur la signification du Cinkoko dans la représentation culturelle de la maladie (Sud-Congo) ", in Cahiers ORSTOM, Série Sciences Humaines, vol. XIX, n° 2, 1983, pp. 203-218.

Hagenbucher-Sacripanti (F.),
    " La représentation culturelle traditionnelle de la trypanosomiase dans le Niari (République populaire du Congo) ", in Cahiers ORSTOM, Série Sciences Humaines, vol. XVIII, n°4, 1981-1982, pp. 445-473.

Herzlich (C.),
    Santé et maladie. Analyse d'une représentation sociale, Paris, Mouton, 1969.

Horowitz (M.J.),
    Stress Response Syndromes, North Vale, NJ, Jason Aronson, 1986.

Human Rights Watch,
: *The Human Rights Watch Global Report on Women's Rights*, New York, Human Rights Watch, 1995.

Human Rights Watch & FIDH,
: *Shattered Lives. Sexual Violence During The Rwandan Genocide and its Aftermath*, HRI, 1996

Igric (G.)
: " Les victimes de viol au Kosovo souffrent deux fois ", IWPR, Rapport sur la crise des Balkans, n° 48, 18 juin 1999.

Janzen (J. M.), (avec la collaboration de Dr William Artinstall),
: *La quête de la thérapie au Bas-Zaïre*, Paris, Karthala, 1995.

Janzen (J. M.), avec la collaboration de Dr William Artinstall,
: " L'interprétation des symptômes chez les Kongo du Bas-Zaïre ", in Psychopathologie africaine, vol. XX, n° 3, 1984-1985, pp. 285-324.

Janzen (J.M.),
: " De l'ancienneté de l'usage des psychotropes en Afrique centrale ", in Psychotropes, vol. 1, pp. 105-107, 1983.

Janzen (J..M.)
: *Lemba 1650-1930 A Drum of Affliction, in Africa and the New World*, New York, Garland Publishing Inc., 1982.

Janzen (J.. M.),
: " The Dynamics of Therapy in the Lower Zaire ", in Thomas R. Williams (ed.), Psychological Anthropology, 1975, The Hague, Mouton, pp. 441-463.

Janzen (J. M.),
: " Kongo Religious Renewal : Iconoclastic and Iconorthostic ", in Canadian Journal of African Studies, n 5, 1971, pp. 135-143.

Janzen (J. M.),
: " Vers une phénoménologie de la guérison en Afrique centrale", in Etudes congolaises, vol. 12, n° 2, 1969, pp. 97-114..

Jeanneau (A.),
: *Les délires non psychotiques*, Paris, PUF, 1990.

Julliard (A.),
: " Dons et attitudes religieuses chez les leveurs de maux en France (1970-1990) ", in Marges contemporaines de la religion, Religiologiques, n° 18, automne 1998.

Kakar (S.),
: *Chamans, mystiques et médecins. Enquête psychologique sur les traditions thérapeutiques de l'Inde*, Paris, Seuil, 1997.

Kerline (J.),
: *L'importance d'une justice face aux crimes sexuels commis à l'égard des femmes en période de conflits armés le cas du Rwanda*, Mémoire de maîtrise, Département des sciences juridiques, Université du Québec à Montréal, 2000.

Koss (M.),
: " The Measurement of Rape Victimization in Crime Surveys ", in Criminal Justice and Behavior 23 (1): 55-69, 1992.

Koss (M.),
"The Underdetection of Rape: Methodological Choices Influence Incidence Estimates" in Journal of Social Issues 48 (1): 61-75, 1992.
Koss (M.),
"Detecting the Scope of Rape: A Review of Prevalence Research Methods", in Journal of Interpersonal Violence 8 (2): 198-222, 1993.
Kounzilat (A.),
Initiation aux espaces Kundu, Corbeil-Essonnes, Editions ICES, 2001.
Laburthe Tolra (P.),
Initiations et sociétés secrètes au Cameroun. Essai sur la religion beti, Paris, Karthala, 1985.
Lambert (J.-F.),
" Psychologie et tortures ", in Psychologie et libertés, Arles, Actes Sud, 1982.
Langlois (B.),
" Génocide au Congo-Brazza. Opération Mouébara ", in Politis, N° 576, 25 novembre 1999, p. 4.
Laplantine (F.) et Rabeyron (P.-L.),
Les médecines parallèles, Paris, Presses universitaires de France, 1987.
Lavignotte (S.),
" Congo-Brazzaville. Un génocide oublié ", in Réforme N° 2819, 22-28 avril 1999.
Lebel (H.) et Paquette (R.),
Le stress post-traumatique, 1996, Communication disponible sur le site internet : http://www.psychomedia.qc.ca
Le Breton (D.),
Anthropologie de la douleur, Paris, Métailié, 1995.
Le Bris (E.), Maris (A.), Osmot (A.) et Sinou (A.),
Familles et résidences dans les villes africaines, Bamako, Dakar, Lomé, Saint-Louis, Paris, L'Harmattan, 1986.
Le Pape (M.) et Salignon (P.),
Une guerre contre les civils. Réflexions sur les pratiques humanitaires au Congo (1998-2000), Paris, Karthala, 2001.
Lévi-Strauss (C.),
La pensée sauvage, Paris, Plon, 1962.
Lorint (F. E.) et Bernabé (J.),
La sorcellerie paysanne. Approche anthropologie de l'Homo Magus avec une étude sur la Roumanie, Bruxelles, A. de Boeck, 1977.
Louville (P.),
" Debriefing. Stress et trauma ", in Synapse, Journal de Psychiatrie et Système Nerveux Central", N° 176, mai 2001, pp. 1-2.
Linarès (V.),
" Le peuple plie sous la famine ", in Messages, n° 527, juillet-août 1999, p. 9.

Lindell (H.),
"La guerre civile continue au Congo-Brazzaville. Quand l'armée sombre dans la délinquance", in Témoignage Chrétien, N° 2871, 15 juillet 1999.

Lindell (H.),
"Congo-Brazzaville : la triste vérité", in Réforme, N° 2852, 9-15 décembre 1999. pp. 1-2.

Lindell (H.),
"30 000 morts au Congo-Brazzaville. Elf, Elysée, Etat-Major. Les réseaux du silence", in Témoignage Chrétien N° 2892, 9 décembre 1999, pp. 1-2.

Lomet (R.),
Le traumatisme au Rwanda une approche communautaire. L'expérience de Médecins du Monde auprès des enfants et adolescents de la préfecture de Byumba.

Lopez (G.) et Sabouraud-Seguin (A)
"Le premier entretien avec une victime du stress post-traumatique", Communication internet, site http://atmedica.com, du 22 décembre 1999.

Mainhagu (P.)
Psychologie des relations fraternelles, Documents d'étude, Université Victor Segalen Bordeaux 2, DUFA, 1999-2001

Maisch (H.),
L'inceste, Paris, Robert Laffont, 1970.

Mahaniah (K. M.),
"Le munkukusa comme structure de guérison chez les Kongo", in Psychopathologie africaine, vol. XVI, n° 1, 1980, pp. 39-68.

Mahaniah (K. M.),
"L'élément social et thérapeutique des rites funéraires chez les Kongo du Zaïre", in Psychopathologie africaine, vol. XV, n° 1, 1979, pp. 51-80

Mahaniah (K. M.),
"La psychothérapie dans le système médical traditionnel et le prophétisme chez les Kongo", in Psychopathologie africaine, vol. XIII, n° 2, 1977, pp. 149-196.

Mahaniah (K. M.),
"Les fonctions religieuses et thérapeutiques du cimetière chez les Kongo du Zaïre", in Psychopatologie africaine, vol. XIII, n° 1, 1977, pp. 47-70.

Manckasa (C.),
Structures matrilinéaires et société Lari du Congo. Une société primitive face au marxisme, Thèse pour le Doctorat d'Etat ès Lettre et Sciences Humaines, Université des Sciences et techniques de Lille, 15 janvier 1986.

Manckasa (C.),
La société Kôngo et ses dynamismes politiques, Thèse pour le Doctorat de 3ème Cycle, Paris-Sorbonne, 1968.

Maqueda (F), sous la direction de :
> *Traumatismes de guerre. Actualités cliniques et humanitaires*, Paris, Hommes et perspectives, 1999.

Marie (A.), Vuarin (R.), Leindorfer (F.), Werner (J.F), Gérard (E.), Bardem (L.) et Tiekoura (O.). (éds.),
> *Processus d'individualisation dans les villes ouest-africaines*, Gremovia, IEDES-Université de Paris I, Ministère de la Coopération, CNRS-ORSTOM, Paris, 1994.

Marie (A.),
> " Les structures familiales à l'épreuve de l'individualisation citadine ", in Pilon (M.), Locoh (T.), Vignikin (E.) et Vimard (P.) (éds.), *Ménage et famille en Afrique*, Les Etudes du CEPED n° 15, CEPED-ENSEA-INS-ORSTOM-URD, Paris, 1997.

Marotte (C.) et Rakoto Razafimbahiny (H.),
> *Mémoire oubliée. Haïti 1991-1995*, Paris, Egain et CIDIHCA, 1997.

Marty (F) et al.?
> *Figures et traitements du traumatisme*, Paris, Dunod, 2001.

Mary (A.),
> *La naissance à l'envers. Essai sur le rituel du Bwiti au Gabon*, Paris, L'Harmattan, 1983.

Médecins Sans Frontières
> *Congo-Brazzaville. Chronique d'une guerre à huis-clos*, Paris, mai 1999.

Meinrad (P.) Hebga,
> *Sorcellerie et prière de délivrance*, Paris, Présence Africaine, 1982.

Meney (P.),
> *Même les tueurs ont une mère*, Paris, Editions de la Table ronde, 1986.

Menga (G.),
> " Halte à la dékongolisation par procuration ", in L'Autre Afrique, N°92, 7-20 juillet 1999.

Merleau-Ponty (M.),
> *Le visible et l'invisible*, Paris, Gallimard, 1964.

Meron (T.),
> " Rape as a Crime under International Humanitarian Law ", in American Journal of International Law, vol. 90, 1993.

Mianzenza (A.),
> " Crise économique et régression sociale ", in Congo 2000 : Etat des lieux, Paris, L'Harmattan, 2001.

Mianzenza (S.)
> " La sécurité alimentaire ", in Congo 2000 : Etat des lieux, Paris, L'Harmattan, 2001.

Mianzenza (S.), Tchibindat (F.) et Goma (I.),
> *La sécurité alimentaire des ménages ruraux au Congo*, Rapport final, Brazzaville, CRDI, 1994.

Mianzenza (S.) et Libali (B.)
Sida, sexualité et relations de genre en milieu urbain, Projet de recherche, Enquête préliminaire, Brazzaville, DGRST/ORSTOM, Laboratoire des sciences sociales, 1993.

Mianzenza (S.),
La structure de la famille congolaise en milieu urbain, Brazzaville, DGRST, 1992.

Mianzenza (S.),
" Formes de solidarité dans un quartier suburbain de Pointe Noire. Cas de Loandjili ", in ORSTOM/Congo Actualité, n° 2, 1992.

Mianzenza (S.),
Déterminants psychosociologiques de l'orientation scolaire et professionnelle des filles au Congo, Projet de recherche, Brazzaville, Laboratoire des Sciences sociales, DGRST/ORSTOM, 1992.

Mianzenza (S.) et Mboungou (G.),
" Les nouvelles dimensions de la famille congolaise ", in ORSTOM / Congo Actualité n° 1, janvier 1991.

Mianzenza (S.),
Le phénomène de l'avortement à Brazzaville, Brazzaville, DGRST / ORSTOM, Première Partie 1990, Deuxième Partie 1993.

Mianzenza (S.), Mboungou (G.) et Loubaki (L.),
Normes démographiques et nouvelles dimensions de la famille congolaise, Brazzaville, CRDI-DGRST-ORSTOM, 1988.

Michaud (Y.),
Violence et politique, Paris Gallimard, 1978.

Milandou (A.),
" Supplique pour un peuple oublié ", in Messages, novembre 1999, p 8.

Moudileno-Massengo (A.),
République Populaire du Congo. Une escroquerie idéologique ou drame au cœur du long drame, Paris, G.P. Maisonneuve et Larose, 1975.

Moutin (P.) et Schweitzer (M.),
" A propos des bourreaux. Criminels de guerre et criminels contre l'humanité ", in Symposium international sur le stress et la psychiatrie de guerre, Paris, Val-de-Grâce, 1992.

Moutin (P.) et Schweitzer (M.),
Les crimes contre l'humanité. Du silence à la parole, Grenoble, Presse universitaire de Grenoble, 1994.

Mukakayumba (E.),
" Rwanda : la violence faite aux femmes en contexte de conflit armé généralisé ", in Recherches féministes, 1995, 8 (1), pp 145-154.

Murphy (H. B. M.)
" Dépression nerveuse, croyances à la sorcellerie et développement du surmoi dans les sociétés traditionnelles ", in Psychopathologie africaine, vol. XVI, n° 2, 1980, pp. 171-194.

Murphy (H. B. M.)
" L'apparition de sentiments de culpabilité en tant que symptôme dépressif courant : une comparaison historique portant sur deux continents ", in Psychopathologie africaine, vol XVI, n° 2, 1980, pp. 143-170.

Nahoum-Grappe (V.),
" Le jeu des assassins ", in le Monde, 13 janvier 1993.

Nahoum-Grappe (V.),
" Le nettoyage par la souillure ", in Libération, juin 1999.

Nathan (T.),
Le sperme du diable, Paris, PUF, 1998.

Nathan (T.) et Stengers (I.),
Médecins et sorciers, Paris, Les Empêcheurs de penser en rond, 1995.

Nathan (T.),
L'influence qui guérit, Paris, Odile Jacob, 1994.

Nathan (T.),
" Tuer l'autre ou tuer la vie qui est en l'autre. Ethnopsychanalyse des crimes contre l'humanité ", in Nouvelle Revue d'ethnopsychiatrie, 19, 1992, pp. 37-55.

Nathan (T.),
" Trauma et mémoire ", in Nouvelle Revue d'ethnopsychiatrie, 6, 1986.

Nathan (T.),
Sexualité idéologique et névrose, Grenoble, La Pensée sauvage, 1977.

Nations Unies,
Les femmes et la violence, Note d'information DPI/1772/HR, New York, février 1996.

Nicoleau (P.),
Droit de la famille, Paris, Ellipses, 1995.

Nkouka-Menga,
Chronique politique congolaise. Du Mani-Kongo à la guerre civile, Paris, L'Harmattan, 1997.

Nossintchouk (R.),
L'extase et la blessure. Crimes et violences sexuelles de l'Antiquité à nos jours, Paris, Plon, 1993.

Nsondé (J. de D.),
Langues, culture et histoire Kongo au XVIIème siècle. A travers les documents linguistiques, Paris, L'Harmattan, 1996.

Ntondo (J.-G.),
La preuve par trois du génocide au Congo-Brazzaville, Lettre du Recours des Congolais à l'Etranger à M. Le Président de la République française, Bordeaux, le 02 avril 1999.

Ogrizek (M.),
" Mami Wata, les envoûtés de la Sirène. Psychothérapie collective de l'hystérie en pays Batsangui au Congo, suivi d'un voyage mythologique en Centrafrique", in Cahiers ORSTOM, Série Sciences Humaines, vol. XVIII, n° 4, 1981-1982, 433-443.

Organisation mondiale de la santé,
> *La violence à l'égard des femmes*, Aide-mémoire n° 128, août 1996.

Papadakos (V.),
> *Crise sociale et psychiatrie*, Paris, PUF, Médecine et santé, 1999.

Pavie (D.),
> " Les répercussions psychologiques de l'intifada et sa répression sur les enfants et les adolescents palestiniens ", in VST, Revue Scientifique et culturelle de santé mentale, 17, 1990.

Peeters (J.),
> " Sectes et mouvements religieux en Afrique " in Spiritus, n° 115.

Piault (C.) (éd.),
> *Prophétisme et thérapeutique, Albert Atcho et la communauté de Bregbo*, Paris, Herman, 1975.

Puge (J.) et coll.,
> *Violence d'Etat et psychanalyse*, Paris, Dunod, 1989.

Raymond (S.),
> *Crimes de sang et faits de violence*, Marseille, Hommes & Perspectives, 1993.

Resick (P.A.) and Snicke (M.K.),
> " Cognitive processing therapy for sexual assault victims ", in Journal of Consulting and Clinical Psychology, 1992, 60, pp. 748-756.

Resick (P.A.) and Snicke (M.K.),
> *Cognitive processing therapy for rape victims A treatment manual*, Newbury Park, CA, Sage Publications, 1993.

Rétif (A.),
> " Pullulement des Eglises nègres ", in Etudes, septembre 1959.

Rivière (C.),
> " Réactivations et réinterprétation de la magie ", in Marges contemporaines de la religion, Religiologiques, n° 18, automne 1998.

Rivière (C.),
> *Anthropologie religieuse des Evé du Togo*, Lomé, Nouvelles éditions africaines, 1981.

Rocchi (V.),
> " L'astro-thérapie : exemple d'une alliance psycho-religieuse au sein d'une voie de salut séculaire", in Marges contemporaines de la religion, Religiologiques, n° 18, automne 1998.

Rosny (E. de),
> *L'Afrique des guérisons*, Paris, Karthala, 1992.

Saint-Germain (R.),
> " Les Chrétiens célestes. Description d'une Eglise indépendante africaine ", in Questions d'étiques en Sciences des religions, Religiologiques, n° 13, printemps 1996.

Salignon (P.),
> " Congo-Brazzaville : récit de fuite ", in L'autre, n° 1, pp145-155.

Serrano-Fitament (D.),
> *La violence sexuelle au Kosovo, état des lieux*, New York, FNUAP, 1999.

Sigg (B.),
    Le silence et la honte. Névrose de la guerre d'Algérie, Paris, Messidor, 1989.
Sinda (M.),
    Le messianisme congolais et ses incidences politiques, Paris, Payot, 1972.
Sironi (F),
    Bourreaux et victimes. Psychologie de la torture, Paris, Ed. O. Jacob, 1999.
Smith (S.),
    " Brazzaville : massacre dans l'indifférence ", Libération 16 juin 1999.
Soret (M.),
    Histoire du Congo-Brazzaville, Paris, Berger-Levrault, 1978.
Stanoiu (R-M),
    Viol dans les conflits armés, Rapport sur la Commission sur l'égalité des chances pour les femmes et les hommes, Genève, Haut Commissariat des Nations Unies aux Droits de L'Homme, Doc. 8668, 15 mars 2000.
Struyf (J.),
    Les Bakongo dans leurs légendes, Bruxelles, IRCB, Falk Fils, 1936.
Swiss (S.) et Jennings (P.J.),
    " Violence against Women during the Liberian Civil Conflict ", in Journal of the American Medical Association, February 25, 1995.
Talaban (I.),
    Le Christ s'est arrêté à Pitesti. Psychologie et psychopathologie du traumatisme individuel et collectif dans une société totalitaire communiste, Thèse de doctorat en psychologie clinique et psychopathologie, Paris-VIII, 1998.
Tall (K),
    " L'anthropologue et le psychiatre face aux médecines traditionnelles. Récit d'une expérience ", in Cahiers des Sciences Humaines, 28 (1), 1992, pp. 67-81.
Todorov (T.),
    La mémoire du mal, tentation du bien, Paris, Robert Laffont, 2000.
Tonnelier (H.) et Jatteau (O.),
    " Répression, disparition, torture ", in Information psychiatrique, 59, 1, 1983, pp. 11-23
Toque (G.),
    Les massacres du Congo. La terre qui meurt, la terre qui brûle, Paris, L'Harmattan, 1996.
United Nations,
    Sexual Violence and Armed Conflict United Nations Response, New York, Division for the Advancement of Women, April 2000.
Vangroenweghe (D.),
    Sida et sexualité en Afrique, Anvers, Editions EPO, 2000.
Verschave (F.-X.),
    Noir Silence, Paris, Les arènes, 2000.

Vigarello (G.),
Histoire du viol XVIème - XXème, Paris, Seuil, 1998.

Vimard (P.),
" Modernité et pluralité familiales en Afrique de l'Ouest ", Revue Tiers-Monde, t. XXXIV, n° 133, pp. 89-115, 1996.

Vimard (P.),
Transition démographique et familiale des théories de la modernisation aux modèles de crise, Marseille, ORSTOM, 1998.

Vimard (P.) et N'cho (S.),
" Évolution de la structure des ménages et différenciation des modèles familiaux en Côte-d'Ivoire, 1975-1993 ", *in* Pilon (M.), Locoh (T.), Vignikin (E.). et Vimard (P.) (eds.), *Ménage et famille en Afrique*, Les Etudes du CEPED n° 15, CEPED-ENSEA-INS-ORSTOM-URD, Paris, 1997.

Walter (A.),
" Ethnomédecine et anthropologie médicale . bilan et perspectives ", in Cahiers ORSTOM, Série Sciences Humaines, vol. XVIII, n° 4, 1981-1982, pp. 405-414.

Wärnersson (I.) et al.,
Viols commis par les belligérants, Proposition de résolution, Assemblée parlementaire, Conseil de l'Europe, 9 juillet 1997.

Werly (R.) et Boisseaux-Chical (C.),
" J'ai rencontré les damnés du Congo ", in La vie, hebdomadaire chrétien d'actualité, 27 avril 2000, n° 2852, pp 24-30.

Werly (R.),
" Le Japon face à la mémoire des ' femmes ' de réconfort. Témoignage d'un médecin des ' bordels ' de guerre ", in, Libération, n° 6086, 9-10 décembre 2000, p. 14.

Yamba (H.),
Le génocide programmé du Sud-Congo (Brazzaville). 1997-1999. La vérité sur l'assassinat des religieux à Mindouli. Récit chronologique des événements, Document non publié, mars 1999

Zajde (N.),
Soigner les survivants de la Shoah c'est redonner vie au monde juif, Conférence donnée à la Salle polyvalente de la Mairie du 11ème arrondissement de Paris, lors d'une réunion organisée par l'Association " Les enfants oubliés de la seconde guerre mondiale ", Paris, 9 janvier 2000.

Zadje (N.),
Souffle sur tous ces morts et qu'ils vivent !, Paris, Odile Jacob, 1996.

Zadje (N),
Enfants de survivants. La transmission du traumatisme chez les descendants des Juifs de l'extermination nazie, Paris, Odile Jacob, 1995.

Zaré-Bawani (F.) et Hazan (M),
Les maladies mystérieuses des rescapés de torture Evaluation psychanalytique des victimes de trauma, Montréal, Université du Québec, Département de psychologie, 1996.

598587 - Février 2015
Achevé d'imprimer par